NOVO CONTROLADOR?

Práticas adotadas na gestão de pessoas

EDUARDO DE CAMARGO OLIVA

NOVO CONTROLADOR?
Práticas adotadas na gestão de pessoas

ISBN — 85-225-0439-3

Copyright © Eduardo de Camargo Oliva

Direitos desta edição reservados à
EDITORA FGV
Praia de Botafogo, 190 — 14º andar
22250-900 — Rio de Janeiro, RJ — Brasil
Tels.: 0800-21-7777 — 0-XX-21-2559-5543
Fax: 0-XX-21-2559-5532
e-mail: editora@fgv.br
web site: www.editora.fgv.br

Impresso no Brasil / Printed in Brazil

Todos os direitos reservados. A reprodução não autorizada desta publicação, no todo ou
em parte, constitui violação do copyright (Lei nº 5.988)

1ª edição — 2003

REVISÃO DE ORIGINAIS: Luiz Alberto Monjardim

EDITORAÇÃO ELETRÔNICA: FA Editoração Eletrônica

REVISÃO: Aleidis de Beltran e Marco Antônio Corrêa

CAPA: Ricardo Bouillet, Sergio de Carvalho Filgueiras

Ficha catalográfica elaborada pela Biblioteca
Mario Henrique Simonsen/FGV

Oliva, Eduardo de Camargo
   Novo controlador?: práticas adotadas na gestão de pessoas /
Eduardo de Camargo Oliva. — Rio de Janeiro : Editora FGV,
2003.
   96 p. — (Coleção FGV Negócios)

   Baseado na tese do autor (doutorado — USP), defendida em
1999 com o título: "As mudanças na atuação da área de recursos
humanos em empresas privatizadas: um estudo no setor siderúrgico do Sudeste do Brasil".
   Inclui bibliografia.

   1. Desenvolvimento organizacional — Estudo de casos.
2. Administração de recursos humanos — Estudo de casos.
3. Privatização — Estudo de casos. I. Fundação Getulio Vargas.
II. Título. III. Série.

CDD — 658.406

Sumário

Prefácio	7
Capítulo 1 — O contexto da privatização	9
Capítulo 2 — Mudança estratégica e privatização	17
Capítulo 3 — Gestão da área de recursos humanos e vantagem competitiva	25
Capítulo 4 — Administração de pessoas	35
Capítulo 5 — Casos analisados no setor siderúrgico brasileiro	49
Capítulo 6 — Gestão de pessoas e privatização: reflexões para um modelo de gestão	81
Referências bibliográficas	91

Prefácio

Ao focalizar a privatização de empresas estatais brasileiras, este livro procura analisar o papel da área de recursos humanos na gestão de processos de transformação organizacional. As reflexões aqui apresentadas visam demonstrar que as estratégias organizacionais podem concentrar-se nos negócios, de modo a obter bom desempenho em termos de competitividade empresarial, sem no entanto perder de vista a necessidade essencial de valorizar as pessoas que são as reais construtoras dessa excelência.

A decisão de estudar esse tema remonta à época em que o autor atuou na área de recursos humanos de uma empresa química/petroquímica e pôde testemunhar dois fatos marcantes: a condução de um processo de fusão com outro grupo congênere, a qual exigiu a consolidação das atividades administrativas e a construção de novos padrões de cultura organizacional; a privatização da parte que o governo federal detinha na empresa, o que resultou em maior liberdade de ação para a direção e as equipes.

O presente texto baseia-se numa tese de doutorado em administração pela FEA/USP cujo trabalho de pesquisa foi realizado em 1998/99, consistindo em quatro estudos de caso no setor de produção siderúrgica. A abordagem contextualista do processo de mudança e a visão estratégica de recursos humanos foram os dois principais eixos teóricos da elaboração dessa tese, então orientada por Rosa Maria Fischer, livre-docente do PPGA da FEA/USP.

A versão original foi revista para publicação, acrescentando-se as alterações sugeridas pela banca examinadora que a aprovou com a nota máxima, e o capítulo final conta com a co-autoria da professora Fischer.

A primeira parte do livro versa sobre mudança organizacional, estratégias competitivas e modelos teóricos que realçam o papel da área e dos profissionais de recursos humanos, situando a privatização nesse contexto. Na segunda parte analisam-se casos do setor siderúrgico, privatizado na década de 1990. Por último, apresentam-se as conclusões e uma linha de tendência.

O objetivo deste livro é, pois, contribuir para a teoria das organizações com reflexões e recomendações no sentido de fortalecer a gestão das pessoas como o principal instrumento para proceder às transformações organizacionais.

Gostaria de manifestar aqui os meus agradecimentos a todos aqueles que contribuíram para a realização deste trabalho: aos professores da FEA/USP Joel Souza Dutra, Isaías Custódio, André Luiz Fischer e Lindolfo Galvão de Albuquerque, pelas sugestões sobre o tema da privatização; à minha querida amiga e ex-orientadora Rosa Maria Fischer, que emprestou o seu prestígio como co-autora do capítulo final; e às professoras convidadas Liliana Rolfsen Petrilli Segnini, da Unicamp, e Patrícia Amélia Tomei, da PUC-RJ, cujas contribuições para a defesa da tese foram aqui incorporadas.

Também gostaria de fazer menção especial a três pessoas: Graziella Comini Bouza, que me fez considerar a possibilidade de estudar o tema da privatização; Carlos Alberto Di Agustini, que me incentivou a transformar a minha tese em livro; e Takeshy Tachizawa, que acreditou neste trabalho e me abriu as portas da Editora FGV.

Tenho, igualmente, a satisfação de privar do convívio com os professores e alunos de duas importantes instituições acadêmicas: o Centro Universitário Municipal de São Caetano do Sul (Imes) e a Universidade São Marcos.

Finalizo dedicando este livro a toda a família Oliva, em especial à minha esposa, Marisa, às minhas filhas, Thais e Marina, e à minha mãe, Geny.

Capítulo 1

O contexto da privatização

Na primeira metade dos anos 1980, as empresas dos países de industrialização avançada começaram a enfrentar a concorrência daquelas de países mais recentemente industrializados, especialmente do Japão. Tal processo acelerou as transformações no campo da gestão, sobretudo em aspectos como qualidade e revisão das estruturas organizacionais. A busca de novos mercados também se intensificou e, segundo Coutinho, promoveu significativas transformações no capitalismo mundial, com a aceleração intensa e desigual da mudança tecnológica, o significativo aumento dos oligopólios globais e a ausência de um padrão monetário mundial estável — o que levou à adoção de taxas cambiais flutuantes e ao aumento da especulação financeira e do fluxo de capitais.[1]

As mudanças ocorridas delinearam o início de um período marcado por substanciais transformações nas pessoas, nas organizações, nas decisões de mercado, nos setores industriais e, principalmente, nas economias nacionais.

Quando uma organização analisa essas transformações e se decide pela mudança, não o faz porque quer esclarecer o que ocorreu no passado, e sim porque está insatisfeita com a situação atual e quer melhorar o seu desempenho futuro. Assim, não havendo essa insatisfação, é pouco provável que as empresas ou os governos se disponham a mudar.

Na década passada, o Brasil constatou que já não era mais possível crescer contraindo dívidas no mercado financeiro internacional, pois, além da escassez desses recursos, a dívida externa pagava encargos demasiado onerosos devido às elevadas taxas de juros.

Segundo dados da Bolsa de Valores de São Paulo — Bovespa (1990), antes das medidas de estabilização econômica do governo Collor, o endividamento da

---

[1] Coutinho, 1992.

União era gigantesco. Em 1989, a dívida era de US$115 bilhões, dos quais aproximadamente 75% constituíam passivo do setor público, representando 22% do PIB. A dívida mobiliária interna representava 52% do PIB.

Por outro lado, o setor privado encontrava-se capitalizado, mas sem perspectivas para investir, devido às incertezas que caracterizaram a economia na década de 1980.

Nesse contexto de globalização dos mercados, com o Brasil decidido a abrir sua economia, o plano de estabilização do governo que assumiu em março de 1990 propunha uma reordenação estratégica do Estado na economia, transferindo à iniciativa privada atividades até então exploradas pelo setor público. Assim, a privatização tinha por objetivo solucionar o problema financeiro do setor público e dar competitividade à economia brasileira.

Anteriormente, nos governos de Figueiredo (1979-85) e Sarney (1985-90), já se haviam adotado medidas de controle das estatais e de privatização de empresas, mas o avanço observado era pouco expressivo. As restrições aos candidatos interessados em assumir empresas estatais eram muitas: comprovação técnico-científica, condição econômica compatível com os investimentos necessários, acesso vedado a empresas estrangeiras, tudo isso tornava quase impossível transferir estatais à iniciativa privada. Em 1988, segundo Mello, estavam registradas na Secretaria de Controle das Empresas Estatais (Sest) 258 empresas estatais federais.[2] Para se chegar a esse total, uma após outra foram fundadas ou incorporadas ao patrimônio da União desde 1942, sendo a precursora a Companhia Vale do Rio Doce. Ressalte-se que, no governo Sarney, tomaram-se medidas visando facilitar a aquisição de ações pelos empregados da empresa cujo controle estava sendo transferido.

Com o novo ambiente criado pela política industrial implantada no Brasil a partir de 1990, a qual enfatizava a necessidade de as empresas serem competitivas, novos conceitos foram introduzidos na busca de produtividade e qualidade. Tais conceitos contribuíram para a renovação das tecnologias de processo, possibilitando produzir com menores custos e maior eficácia.

Entre 1950 e 1989, a preocupação com a eficácia e a competitividade aplicava-se tão-somente aos setores e às empresas instaladas no Brasil que possuíam forte atuação em mercados internacionais. As demais, com atuação exclusiva no mercado interno, desfrutavam da proteção instituída pelo governo mediante proibições às importações ou impostos aplicados com o mesmo fim.

Com o processo de abertura econômica, houve um aporte intenso de investimentos estrangeiros a partir dos anos 1990, seja na criação de redes de distribuidores, seja na abertura ou compra de fábricas, seja ainda na participação no

---

[2] Mello, 1992.

O contexto da privatização   11

processo de privatização e formação de alianças, obrigando as empresas aqui instaladas a reduzir seus custos e importar máquinas, insumos ou componentes, na tentativa de manter os mesmos níveis de rentabilidade do passado.

Esse processo de modernização e busca de competitividade levou inicialmente as empresas brasileiras a procurarem reduzir custos mediante a introdução de novas tecnologias de automação e informática, tanto nos processos produtivos quanto administrativos. Essas tecnologias vieram não só aumentar a qualidade e agilizar o atendimento das necessidades de mercado, em termos de inovações nos produtos, como proporcionar a revisão das estruturas que eram responsáveis pela lentidão das decisões, dada a grande quantidade de níveis hierárquicos e de processos de trabalho sobrepostos.

Naquela década, os principais esforços no campo organizacional foram os processos de *downsizing*, reengenharia, terceirização e qualidade, os quais vieram dar suporte às novas estratégias das empresas visando reduzir custos, aumentar a produtividade e oferecer produtos e serviços confiáveis.

Certas empresas basearam sua recuperação quase que unicamente na adoção desses conceitos, acreditando nos benefícios que trariam às suas operações. No entanto, segundo pesquisas realizadas por Urban,[3] em mais de 50% dos casos ocorreram problemas na concepção e implantação dessas medidas porque se deixou de considerar a liderança e a criatividade das pessoas, sobretudo nos processos de reengenharia e qualidade.

Em pesquisas por nós realizadas entre 1989 e 1992 sobre *downsizing* no ramo químico/petroquímico no estado de São Paulo, pudemos comprovar alguns dos problemas apontados por Urban. Ou seja, as empresas conseguiram bons resultados no curto prazo mas que não se sustentaram no longo prazo por causa de certos erros cometidos na concepção e implantação dos programas. Eis os principais:

❑ Nas empresas que desligaram grandes contingentes de pessoal, mesmo tendo oferecido um bom pacote de desligamento, observaram-se sinais de insatisfação manifestos no comportamento dos empregados remanescentes, o que provocou atrasos nos programas de qualidade que então estavam sendo implantados.

❑ Como o redesenho organizacional não foi bem elaborado, as pessoas ficaram sobrecarregadas, passando a atuar no limite de suas possibilidades e assim prejudicando a qualidade final dos produtos e serviços.

❑ Na maioria das empresas estudadas, as mudanças no desenho organizacional não se traduziram no crescimento dos negócios devido à ênfase excessiva na

---

[3] Urban, 1995.

redução dos custos através dos processos de reengenharia e enxugamento do quadro de funcionários.

A empresa que pautar sua gestão exclusivamente pela redução de custos e do quadro de pessoal provavelmente passará a sofrer de anorexia organizacional, o que poderá afetar a lucratividade e resultar em desorientação estratégica.

A privatização restaura o objetivo de minimização de custos com aumento da eficiência interna por três motivos:

- a empresa estatal não tem o lucro como objetivo e, quando deficitária, é protegida da falência pelos cofres públicos;
- costuma-se impor às empresas estatais um número muito grande de objetivos que freqüentemente são conflitantes e cujas prioridades são incompatíveis com seus objetivos finais;
- a remuneração dos gerentes das empresas estatais não está vinculada a resultados.

Para citar apenas algumas das diferenças mais marcantes, ao se soltarem das amarras governamentais, as empresas privatizadas passam a conviver com o risco de falência do negócio, que se torna uma possibilidade real: as influências políticas não mais existem; as operações são desburocratizadas, como no caso das compras, que ficam liberadas de cumprir a legislação das licitações, e da contratação de pessoal, que às vezes é feita sem a obrigatoriedade de concurso público; o desempenho dos gerentes ganha maior visibilidade; e os processos de trabalho, as estruturas organizacionais e as funções são redesenhados. No entanto, a lucratividade plena passa a depender não somente dos esforços de redução de custos já mencionados, mas também de outras medidas relativas ao direcionamento estratégico da empresa, que passa a enfrentar o desafio de formular e implementar estratégias concorrenciais que lhe permitam manter uma posição sustentável no mercado.

O mercado oferece novas oportunidades à empresa, mas esta, para manter a fidelidade dos clientes/consumidores, precisa mostrar-se competitiva em termos de qualidade e preço dos produtos e serviços, bem como de presteza e regularidade no atendimento, principalmente as que se propõem atuar no comércio exterior.

Segundo Coutinho,[4] o desempenho competitivo de uma empresa é condicionado por uma série de fatores, que podem ser subdivididos em internos, estruturais (relativos aos setores e complexos industriais) e sistêmicos, como mostra a figura 1.

Os fatores internos são aqueles que estão sob controle da empresa e com os quais ela procura se distinguir de seus competidores. Os fatores estruturais são

---

[4] Coutinho, 1994.

aqueles que, mesmo não sendo inteiramente controlados pela empresa, estão parcialmente sob sua área de influência e caracterizam o ambiente competitivo em que ela atua diretamente. Os fatores sistêmicos, tidos como externalidades, afetam as características do ambiente competitivo e podem inclusive determinar as condições de competitividade de uma empresa perante seus rivais no comércio internacional.

Figura 1
Fatores de competitividade da indústria

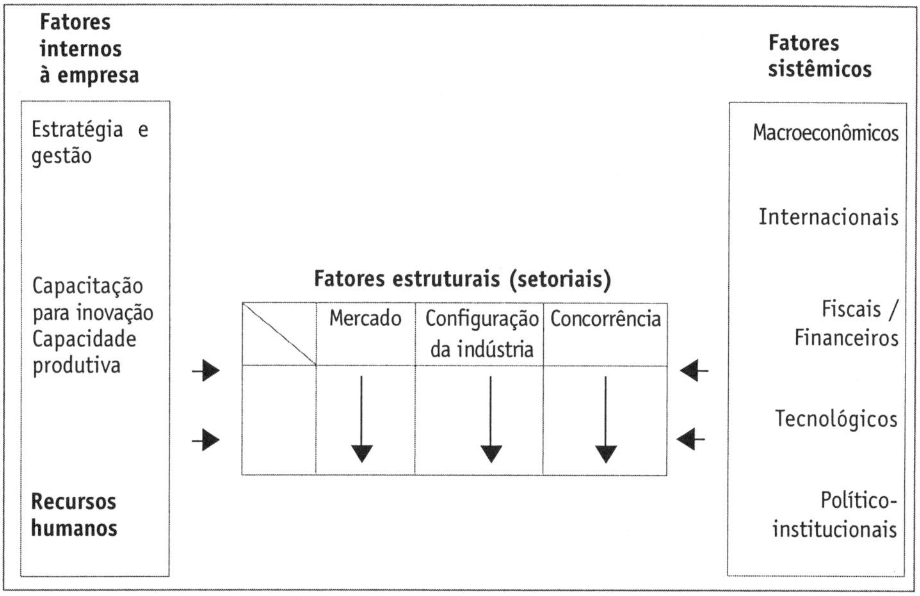

Fatores internos à empresa		Fatores sistêmicos
Estratégia e gestão		Macroeconômicos
		Internacionais
Capacitação para inovação Capacidade produtiva	**Fatores estruturais (setoriais)**	Fiscais / Financeiros
	Mercado / Configuração da indústria / Concorrência	Tecnológicos
Recursos humanos		Político-institucionais

Fonte: Coutinho (1994).

A gestão de pessoas como um dos fatores internos de competitividade organizacional ganha ainda maior importância quando o assunto é privatização. Por ser uma área que catalisa as diversas ações dos profissionais da empresa, ela acaba participando, ainda que de forma indireta, dos demais fatores. Dada a necessidade de acompanhar mais de perto os processos de mudança e de adequar o ambiente interno e as pessoas à nova realidade, ela se constitui num importante instrumento para assessorar a direção da empresa nas modificações necessárias. Isso exige uma reformulação das funções estratégicas e operacionais da área: treinamento, recrutamento e seleção, relações sindicais, comunicação, administração de pessoal, remuneração, benefícios, sistemas da qualidade, segurança patrimonial, prevenção de acidentes e revisão das estruturas, tudo isso tem grande impacto nas relações de trabalho, nos padrões culturais e no clima organizacional, podendo afetar positivamente as condições do processo de mudança e levar à obtenção de vantagens competitivas para a empresa.

Entre as funções estratégicas e operacionais a serem repensadas pela área de recursos humanos no processo de privatização destaca-se o desenvolvimento de recursos humanos, devendo este contribuir para a integração das ações de educação formal e informal aos objetivos do negócio, para a definição de processos de avaliação do desempenho e para a elaboração de novos critérios de recrutamento, seleção e encarreiramento do pessoal.

A carreira permite ao indivíduo entrever um horizonte profissional e buscar meios de atingi-lo. Por outro lado, cabe à empresa definir esses horizontes e apoiar a iniciativa do funcionário com um *feedback* contínuo. O trabalho de desenvolver pessoas ultrapassa a simples função de administrar um orçamento de cursos, pois visa incentivar o autodesenvolvimento e tornar os recursos humanos integrados à estratégia de negócios, contribuindo assim para sustentar a competitividade interna da empresa.

A área de recursos humanos e a linha de comando serão chamadas a atuar antes, durante ou após o processo de privatização, seja por causa de fatores internos que exigiram uma completa revisão das políticas e práticas de gestão vigentes, seja por fatores externos, como novas exigências legais, políticas, sociais, mercadológicas e financeiras.

Nos casos por nós examinados, a área de recursos humanos participou antes, durante e após o processo de fusão, e sua atuação se evidenciou na modernização e consolidação dos sistemas de gestão, especialmente os que guardavam fortes traços da administração estatal.

Pode-se constatar a necessidade fundamental de aproximar a área de recursos humanos das principais decisões estratégicas da organização. Concordamos com Tomei e Braunstein[5] em que existe um grande potencial a ser explorado no tratamento das questões de mudança organizacional ligadas aos processos de privatização.

A simultaneidade e a contemporaneidade das privatizações nos permitem conhecer os sistemas concebidos e implantados pela área de recursos humanos e avaliar as diferenças em relação à época anterior à privatização. O processo de mudança é longo, nunca inferior a cinco anos, até que uma organização estatal se torne verdadeiramente privatizada, pois o momento do leilão apenas confirma a transferência de propriedade.

A privatização confere maior liberdade à empresa para atuar estrategicamente, promovendo o estabelecimento de parcerias, o enobrecimento do *mix* de produtos, a melhoria da automação industrial, a busca de alternativas para a redução do consumo de energia, a continuidade na adoção de medidas de proteção ambiental e o aprimoramento das técnicas organizacionais.

---

[5] Tomei & Braunstein, 1993.

Embora as empresas tenham um longo caminho a percorrer, é possível obter alguns resultados em termos de produtividade ainda na fase de preparação para a privatização — enquanto estatais —, e estes se intensificam após a privatização. Observa-se uma redução no efetivo total das empresas, com o concomitante aumento de produção e produtividade. A preocupação com a qualidade também aumenta, encaminhando muitas delas para a certificação nas normas ISO e outras.

Outro aspecto que marca o período de privatização é o perceptível avanço tecnológico, resultando na atualização dos produtos e processos. A própria capacidade instalada para atendimento do mercado interno ou externo tende a ampliar-se com vultosos investimentos, visando a continuidade e a melhoria dos serviços prestados aos clientes.

Para ser privatizada, a empresa deve estar incluída no programa governamental de privatização mediante decreto presidencial. Após tomarem ciência de que foram incluídas no referido programa, geralmente as empresas contratam consultores para realizar um diagnóstico e propor recomendações no sentido de prepará-las para a privatização. Tais recomendações podem incluir ajustes prévios para torná-las mais atrativas no mercado. Esse saneamento pode ser de ordem societária, comercial, financeira, produtiva, mercadológica ou administrativa, incluindo-se aí as questões relacionadas aos recursos humanos. Em nossa pesquisa no setor siderúrgico, pudemos observar que as questões referentes ao pessoal receberam pouca atenção ou prioridade durante o processo de avaliação pré-aquisição, exceto no que tange à constituição do clube de investimentos de funcionários. Tal opinião é corroborada pelo presidente de uma estatal paulista que estava prestes a ser privatizada e para quem "as questões sobre RH acabam sendo as últimas a serem tratadas no processo de pré-transferência da propriedade".

Em seguida costuma-se definir o modelo de privatização a ser adotado e as características da futura empresa privatizada, incluindo a pré-qualificação dos candidatos, a recepção de propostas, o leilão público e, por último, a proclamação dos novos controladores.

Como um dos fatores de competitividade interna apontados por Coutinho,[6] a área de recursos humanos, em conjunto com as estratégias globais de gestão visando a inovação e a produtividade, possui informações cruciais sobre o quadro de funcionários. Uma de suas missões básicas é contribuir para a administração das atividades de controle do efetivo fornecendo informações que sustentem as decisões estratégicas requeridas pela empresa.

Qual deveria ser o papel da área de recursos humanos na etapa de preparação para a privatização? A nosso ver, caberia a essa área:

---

[6] Coutinho, 1994.

Novo controlador? Práticas adotadas na gestão de pessoas

- transmitir aos funcionários informações preliminares sobre o andamento do processo de privatização;
- realizar estudos sobre custos e estatísticas de pessoal;
- administrar eventuais conflitos sindicais;
- monitorar o clima interno.

Por ocasião da efetiva transferência de propriedade, a diretoria representante dos novos proprietários provavelmente necessitará traçar planos de crescimento, sem no entanto perder a eficiência operacional. Segundo nossas pesquisas, existem para a administração de recursos humanos dois momentos diferentes. O primeiro deles, logo após o leilão de privatização, requer as seguintes medidas:

- alinhar cargos e salários de acordo com a nova estrutura;
- prestar apoio à administração na introdução de novos valores e padrões culturais;
- dar continuidade às ações de comunicação com os recursos humanos;
- auxiliar as gerências de linha no redesenho dos postos de trabalho;
- administrar os processos de desligamentos e de enxugamento das estruturas;
- promover e sustentar um clima organizacional saudável;
- ampliar o canal de comunicação com as lideranças dos trabalhadores.

No segundo momento, já consumada a privatização, tem-se uma noção mais precisa das demandas dos trabalhadores dos sindicatos, bem como das características e exigências da alta administração, de modo que é possível então alinhar e modernizar os sistemas de gestão da área de recursos humanos. Tal alinhamento visa aproveitar melhor as pessoas disponíveis, fomentando o sentimento de pertencer ao grupo, a auto-estima e a percepção de que o bom desempenho será reconhecido e recompensado. Nessa fase, cabe à gestão de recursos humanos empreender algumas ações de sintonia fina:

- promover a plena utilização da competência das pessoas, avaliando seu grau de autonomia no ambiente de trabalho;
- facilitar o treinamento, o desenvolvimento pessoal e o comprometimento;
- remunerar de forma competitiva, conforme o desempenho e os resultados obtidos;
- reeducar a liderança quanto ao seu novo papel no processo de trabalho;
- aperfeiçoar a comunicação com os funcionários, evitando mal-entendidos e desinformação;
- monitorar o clima organizacional, para que continue saudável;
- modificar gradualmente as crenças e os valores organizacionais que dificultam a competitividade da empresa.

Capítulo 2

Mudança estratégica e privatização

Este capítulo faz considerações preliminares sobre estabilidade e mudança, caracterizando a privatização como uma política de governo e, portanto, como uma mudança ocorrida a partir do contexto externo.

Nele veremos as principais mudanças econômicas ocorridas na realidade brasileira e a atuação gerencial. Analisaremos a chamada mudança de larga escala e seus principais conceitos. Por fim, mostraremos os padrões culturais e comportamentais presentes no processo de mudança, destacando o papel da área de recursos humanos na disseminação desse processo entre aos gestores.

Estabilidade ou mudança?

As mudanças ocorrem independentemente da vontade dos gestores. Negar a existência delas, argumentando a favor da estabilidade, certamente não é a melhor maneira de lidar com a questão. Portanto, trata-se de procurar compreendê-las e agir de forma positiva, aproveitando as oportunidades.

Vejamos a seguir os principais fatores de mudança com que as empresas e seus responsáveis vêm lidando ultimamente.

Tecnologia

A tecnologia possibilita à empresa replanejar o valor de seus produtos ou serviços para o cliente e o nível de preços praticados em função dos custos, assim como os mercados em que pode competir.

Aspectos sociais

Hoje as pessoas têm hábitos e valores muito diferentes daqueles de outrora. Elas estão mais bem informadas, é cada vez maior o número de mulheres trabalhando, as empresas demandam mão-de-obra mais qualificada, e o Estado tem procurado manter uma posição neutra nas negociações entre o capital e o trabalho.

Mercados financeiros

Não mais existem tantos impedimentos para o capital migrar de um local para outro em busca de novas oportunidades e maiores lucros. Portanto, as empresas fechadas e orientadas para dentro correm o risco de perder posição competitiva no mercado.

Política de governo

A insatisfação geral com as políticas de bem-estar social e de gestão econômica colocou em questão o que o Estado deve ou não fazer. Nesse contexto, a privatização se apresenta como uma mudança que tem por finalidade afastar o governo de áreas mais adequadas à gestão pela iniciativa privada. O próprio exercício da democracia, que se vem firmando nos últimos tempos, e a criação de novas legislações específicas impõem às empresas o desafio de resolver as mais diversas questões relativas a meio ambiente, saúde do trabalhador, higiene e segurança, treinamento, atendimento ao consumidor e ética empresarial.

No Brasil, até o final dos anos 1980, as empresas ainda atuavam em mercados protegidos, os controles e padrões de exigência eram complacentes, e os consumidores tinham que se conformar com a baixa qualidade do produto ou serviço. A política industrial brasileira, fruto do desenvolvimento voltado para a substituição de importações, por muitos anos ficou isolada do resto do mundo. O processo de abertura, uma resposta à necessidade de globalização e competitividade, revelou as disfunções oriundas da forte intervenção governamental visando promover a industrialização no país.

A análise do período anterior à abertura econômica mostra que as indústrias cresceram, mas sem desenvolver a visão estratégica nem a integração com todos os elementos que contribuem para criar vantagem competitiva.

Com a crescente globalização, observa-se uma contínua alteração dos cenários empresariais. Uma das mais importantes funções gerenciais é identificar mudanças e, se possível, antecipar-se a elas. Assim, compete aos gestores acompanhar as alterações na conjuntura econômica, ficar atentos às movimentações do mercado em que atuam e agir para melhorar ou manter o desempenho da empresa.

Se, por exemplo, a empresa se mostra incapaz de competir eficazmente em seu mercado, com a privatização é de se esperar que a administração perceba o que mudou e adote medidas para atingir os padrões internacionais de competitividade.

Um erro muitas vezes cometido pelos gestores é iniciar uma mudança sem saber ao certo o que deve ser mudado, adotando modelos de gestão e padrões de desempenho incompatíveis com as necessidades e as características da empresa.

A mudança organizacional que o processo de privatização desencadeia pode ser caracterizada como de larga escala, conforme a definição de Lawler: "é um processo de mudança que altera um número significativo de sistemas para tornar a organização mais efetiva. As alterações não são temporárias, ou melhor, a organização torna-se diferente, e assim deve permanecer".[7]

O desempenho organizacional será fruto da eficácia desses sistemas e de sua inter-relação com o meio ambiente, transformando insumos em resultados. Eis algumas situações que podem desencadear mudanças de larga escala, uma vez que modificam o desempenho da empresa como um todo:

- passar da posição de competidor regional para a de competidor global;
- tornar-se um produtor de sistemas integrados, em vez de fabricar apenas produtos padronizados independentes;
- estabelecer com os clientes um relacionamento de longo prazo.

Segundo Pettigrew,[8] o importante num tal processo de mudança estratégica é considerar o contexto em que ele se insere, definindo um estado final que servirá como guia da mudança na interligação dos elementos da organização com os elementos do ambiente.

As dificuldades ou oportunidades geradas no ambiente afetam a organização em múltiplos aspectos e provocam a mudança de larga escala. Assim, esta deve ser analisada levando-se em conta as seguintes dimensões:

- profundidade da mudança — essa dimensão afeta os membros da organização em seus paradigmas e valores, modificando a referência vigente até então;
- extensão da mudança — significa a quantidade dos elementos que deverão ser modificados, podendo incluir divisões, funções ou toda uma fábrica e respectivos subsistemas de premiação, admissão, informação e tecnologia;
- tamanho da organização — quanto maior ela for, mais complexas serão as alterações necessárias nas suas características ou em seu desempenho.

Não sendo uma mudança de caráter temporário, a privatização exige a máxima cautela, pois antes de tudo está-se alterando a própria natureza da organização e lidando com componentes do comportamento humano, o que afeta significativamente o desempenho da empresa.

---

[7] Lawler III, 1989.

[8] Pettigrew, 1987.

Modelo de análise da mudança organizacional

O modelo de análise aqui apresentado originou-se de duas importantes pesquisas realizadas por Pettigrew.[9] A primeira foi na Imperial Chemical Industries (ICI), entre os anos de 1975 e 1983, onde ele examinou a criação, evolução e extinção de cinco grupos constituídos por consultores internos e externos incumbidos de iniciar e implementar mudanças na organização. As principais questões que Pettigrew procurou investigar foram:

- por que, quando e como surgiram esses grupos e que fatores contribuíram para isso?
- quais eram os conhecimentos, as aspirações e os valores dos membros de cada grupo e que tipo de estrutura se constituiu?
- quem foram os líderes dos grupos e como conseguiram articular funções, reafirmar objetivos e obter compromissos?
- cada grupo possuía uma linha de conduta para lidar com questões internas e externas ou estas foram concebidas com base na interação de seus membros?
- como cada grupo teve acesso a recursos e construiu sua rede de relacionamentos?

A segunda pesquisa, feita entre 1980 e 1984, consistiu em analisar diversos artigos da revista *Strategic Management Journal*, na tentativa de caracterizar o processo de mudança estratégica nas organizações. Eis as principais questões que a pesquisa procurou responder:

- existe alguma literatura que esclareça o que significa mudança estratégica?
- como formular e analisar o conteúdo da mudança estratégica?
- as organizações dedicam pouca atenção à implantação e à sustentação da estratégia escolhida?
- a mudança deveria partir de dentro para fora da organização ou, primeiramente, da análise do mercado e de suas inter-relações?

Os resultados apresentados não são conclusivos, mas indicam que a análise e o gerenciamento da estratégia de mudança contemplaram principalmente os aspectos da formulação e muito pouco os aspectos da implementação. Menos de 10% dos estudos empíricos analisados utilizaram séries temporais como metodologia, o que significa que as empresas escolheram estratégias de mudança sem examinar tendências ou padrões a partir de dados históricos compilados.

Isso nos serve de alerta por duas razões: primeiro, porque demonstra a importância de conhecer o período anterior (concepção da mudança) e o período

---

[9] Pettigrew, 1985a e b.

posterior (implementação da mudança), bem como o papel que a área de recursos humanos teve no processo; segundo, porque permite averiguar quais foram as projeções elaboradas para a empresa privatizada, em comparação com o seu desempenho enquanto estatal, e se houve qualquer avaliação de tendência quanto aos requisitos para atender aos novos cenários.

O processo de mudança refere-se às ações, reações e interações das várias partes que movem a empresa de um estado atual para um estado futuro desejado. O processo de privatização levado a efeito pelo governo federal, principalmente na década de 1990, evidenciou a necessidade de atualização tecnológica e de programas de qualidade total com vistas ao aumento da competitividade internacional. Estes são apenas alguns dos exemplos que, com seus desdobramentos externos e internos, comprovam a importância e a intensidade da mudança, bem como a necessidade de dinamizar a participação da gestão da área de recursos humanos no processo.

Com base nas pesquisas de Pettigrew anteriormente mencionadas, Rosa Maria Fischer desenvolveu o modelo explicativo apresentado na figura 2, visando contribuir para diagnósticos mais precisos de mudança.

Figura 2
Modelo de interconexão triangular

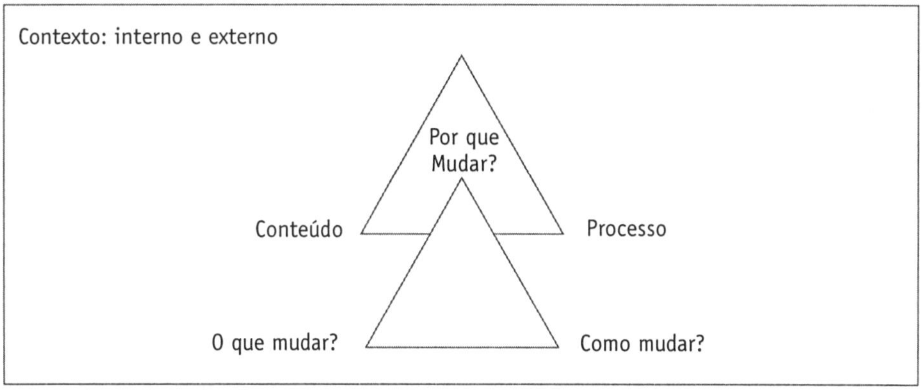

Fonte: Fischer, apud Dutra (1996).

Analiticamente, o *contexto interno* refere-se ao modelo de gestão, à estrutura organizacional, aos padrões culturais e aos princípios políticos internos da empresa que nortearam as principais decisões sobre a mudança. Já o *contexto externo* refere-se à análise do cenário econômico, do posicionamento mercadológico e da atuação dos principais atores que fazem interface com a organização e que podem influenciar o seu desempenho. A literatura existente sobre gerenciamento estratégico, sobretudo no caso do setor industrial, costuma considerar a mudança do ponto de vista do contexto externo, ignorando completamente o contexto interno da empresa.

O que mudar significa definir conteúdos pautados na realidade tanto do contexto interno quanto externo. O conteúdo da mudança visa maximizar a competitividade como um todo e deve contemplar também os aspectos internos da empresa, a saber: competência gerencial, capacitação técnica e modelos de gestão.

O processo da mudança evidencia aspectos delicados, pois muitas organizações *sabem por que devem mudar,* sabem precisamente *o que mudar,* mas não escolhem a melhor maneira de mudar. O gerenciamento do processo de mudança refere-se às ações, reações e interações dos agentes — considerando seus interesses envolvidos — responsáveis por conduzir a organização de um estado presente para um estado futuro desejável.

Outro ponto a ser considerado é a forma pela qual a mudança será introduzida na organização: "para obter melhores resultados, a mudança necessita do envolvimento e da participação dos empregados, no sentido *bottom-up*",[10] ou seja, da base para o topo da pirâmide. Em geral, a alta administração chama para si a responsabilidade pelas grandes mudanças, isto é, o topo da pirâmide delibera e informa à base o que será mudado e como, atuando no sentido *top-down,* confiando na competência gerencial e nos mecanismos de premiação/punição disponíveis. Quando enfrenta resistências, a cúpula da empresa se propõe superá-las ressaltando as vantagens e minimizando as perdas. Todavia é importante destacar que a cúpula, para ser eficaz em suas decisões, depende de informações de boa qualidade vindas da base, e que essa forma de "vender a mudança" tende a bloquear as comunicações internas, tirando assim a legitimidade do processo.

O comportamento das pessoas influenciando o processo de mudança

Mesmo tendo sido concebida de forma competente, a mudança às vezes encontra dificuldades na sua implantação e sustentação, pois as pessoas costumam vê-la como uma ameaça à continuidade de suas carreiras. Devido aos padrões culturais vigentes na organização, a administração pode não detectar a tempo insatisfações capazes de prejudicar o clima interno e o sucesso da mudança. Uma das recomendações que se fazem desde o início do processo de privatização é conquistar a boa vontade dos funcionários, não criando obstáculos à sua representação e garantindo a manutenção de seus direitos. Nesse aspecto, os sindicatos são seus legítimos representantes, através de seus diretores ou de comissão interna eleita, e seu envolvimento no processo é, pois, recomendável.

---

[10] Lupton, 1991:4.

A essa comissão caberá acompanhar o processo desenvolvido em outras empresas, estudar a legislação, buscar informações sobre o processo de privatização da empresa, providenciar a criação de um clube de investimentos para a compra de ações e examinar a viabilidade de um fundo de pensão. O binômio cooperação e resultados está alicerçado em outros procedimentos complementares de gestão participativa, envolvendo a concepção e a implementação dos planejamentos estratégico, tático e operacional por grupos descentralizados e integrados às áreas funcionais da empresa, conforme os objetivos, as diretrizes e as políticas da organização.

A seleção das melhores estratégias, estruturas e tecnologias, em conjunto com a aplicação dos princípios da administração participativa, permitirá à empresa desenvolver-se e conquistar uma posição competitiva no mercado.

O desenvolvimento da organização, "refere-se à mudança para ajuste de missão e objetivos e implica considerar as diferentes interfaces representadas pelas interações entre: indivíduo e indivíduo, indivíduo e grupo, grupo e grupo, grupo e organização, organização e organização, organização e meio ambiente".[11] Em cada uma dessas interfaces, as pessoas manifestam maior ou menor grau de comprometimento com a mudança, contribuindo para o aprendizado e a evolução da organização.

As empresas descobriram que obter maior ou menor grau de comprometimento dos funcionários é resultado de um trabalho contínuo, que exige o envolvimento das gerências. Em muitas delas já se nota a disposição de investir na constituição de um quadro gerencial capacitado, mesclando pessoas que fizeram carreira na própria empresa com outras contratadas no mercado de trabalho. Essas pessoas recebem, de forma holística, informações sobre a lógica do mercado em que a empresa atua, sobre seus produtos e processos, e principalmente sobre sua cultura organizacional e seu sistema de gerenciamento.

As empresas, neste novo milênio, estarão alicerçadas num sistema de gerenciamento de suas competências organizacionais e de utilização plena da liderança. Elas deverão definir corretamente os níveis gerenciais de que necessitam, analisando os resultados esperados de cada posição gerencial, o grau de complexidade do processo decisório e as responsabilidades quanto ao seu próprio futuro. É de fundamental importância para a empresa construir um futuro competitivo, não apenas baseando-se nos resultados empresariais, mas principalmente exigindo da liderança uma atuação moral e ética junto aos funcionários. Essa atuação da liderança implica a correta delegação de autoridade às pessoas, a definição de seus papéis e das relações entre elas, a revisão e implementação das políticas de gestão de pessoas, incluindo comunicação,

---

[11] Kanaane, 1995.

avaliação do desempenho e do potencial, definição da remuneração, aconselhamento, reconhecimento, desenho da carreira e disseminação dos valores organizacionais.

Rosa Maria Fischer ressalta o papel dos gestores na definição do conteúdo da mudança e na sua disseminação, na obtenção da adesão e no estabelecimento de compromissos junto aos funcionários (figura 3).

Figura 3
Processo de mudança integrado e sustentado

Disseminação	Adesão
❑ Conhecimento dos objetivos do negócio e das estratégias organizacionais ❑ Posturas e competências requeridas pelo gestor ❑ Suporte que a empresa oferece para o desenvolvimento dessas posturas e competências ❑ Sistema de gestão	❑ Absorção e internalização dos objetivos estratégicos e perfil esperado ❑ Percepção de que a empresa facilita ou inibe a implantação desses objetivos e perfil ❑ Compromisso/planejamento de autodesenvolvimento

Sustentação

Monitoramento	Gestão e suporte
❑ Auscultação permanente ❑ Comunicação interna ❑ Revitalização do compromisso	❑ Política de bônus ❑ Plano de benefícios ❑ Desenvolvimento gerencial

Fonte: Fischer, apud Oliva (1999).

Disseminar a mudança e obter adesão à mesma constitui uma importante tarefa para o corpo gerencial. Nas empresas brasileiras, o aumento da produtividade, a competitividade em nível mundial, a diminuição dos custos de produção, a modernização do parque industrial e a busca da qualidade total conduziram as organizações a um novo patamar. Essa nova condição precisa ser conservada, cabendo portanto aos gestores a tarefa de sustentar as mudanças através das políticas de suporte da organização.

Uma das contribuições da área de recursos humanos será transformar os gestores em multiplicadores e colaboradores na disseminação dos conceitos voltados para a qualidade e a produtividade. É necessário esclarecer às pessoas que as mudanças ora em curso resultam de uma opção estratégica, pois somente assim será possível obter a sua adesão e fortalecer a vantagem competitiva da empresa no seu mercado de atuação.

Capítulo 3

Gestão da área de recursos humanos e vantagem competitiva

Neste capítulo valemo-nos dos conceitos básicos de estratégia formulados por Porter[12] para mostrar como a área de recursos humanos pode contribuir para a vantagem competitiva da empresa. Veremos as quatro estratégias de reestruturação sugeridas por Tomasko[13] e, com base em Hamel e Prahalad,[14] mostraremos a importância do desenvolvimento de competências essenciais para o crescimento diferenciado e sustentado da empresa. Por último, adotando a premissa de que tais estratégias são implantadas ou se intensificam com as mudanças decorrentes da privatização, examinaremos se a gestão da área de recursos humanos contribui de forma direta ou indireta para essas transformações.

A área de recursos humanos e o processo de escolha estratégica

Vejamos primeiramente os três conceitos de estratégia formulados por Porter:[15]

❑ "Estratégia é a criação de uma posição exclusiva e valiosa, envolvendo um conjunto diferente de atividades." Com esse conceito o autor procura mostrar que as empresas reúnem atividades distintas (nas quais reside a vantagem competitiva) que se dividem entre aquelas ligadas ao negócio, que ele chamou de principais, e aquelas ligadas ao apoio geral.

---

[12] Porter, 1997.
[13] Tomasko, 1997.
[14] Hamel & Prahalad, 1995.
[15] Porter, 1997:39 e 51.

- "Estratégia é resolver os *tradeoffs* da competição e escolher o que *não* fazer". Segundo Porter, as organizações não conseguem atender a todas as exigências do mercado, tendo portanto que trocar uma coisa por outra. É como aumentar a importância de A e diminuir a de B para impedir que a empresa fique no meio-termo, o que reduziria as suas oportunidades de competição e liderança no mercado.
- "Estratégia consiste em estabelecer um encaixe entre as muitas atividades da empresa." Esse conceito valoriza a sinergia entre as atividades, isto é, elas devem se reforçar mutuamente, constituindo um sistema, e não simplesmente partes isoladas. Com isso fica difícil para a concorrência imitar a vantagem competitiva da empresa.

Tais conceitos atuam de forma complementar, na medida em que a empresa evolutivamente possa fortalecer o seu posicionamento estratégico e aumentar a sua vantagem competitiva no seu segmento de atuação. A vantagem competitiva advém, fundamentalmente, do valor que uma empresa consegue criar para seus clientes, diferenciando-se da concorrência nos preços praticados para um benefício equivalente ou, ainda, dos benefícios exclusivos que ela oferece e pelos quais o comprador considera vantajoso pagar um preço superior. A figura 4 mostra as atividades da empresa que, segundo Porter,[16] representam os pilares de sua vantagem competitiva:

Figura 4
Os pilares da vantagem competitiva

Infra-estrutura da empresa: planejamento, financiamento, relações com o mercado					M
Gerenciamento dos recursos humanos: recrutamento, treinamento, sistemas de compensação					A
Desenvolvimento tecnológico: *design* de produtos, testes, *design* de processos					R
Compras: componentes, maquinário, propaganda, serviços					G
Logística de entrada	Operações	Logística de saída	Marketing : vendas	Serviços pós-venda	E
Almoxarifado Coleta de dados Atendimento	Montagem Fabricação	Processamento de pedidos	Força de vendas Propaganda	Instalação, apoio e assistência técnica	M
Acesso ao cliente	Operações das filiais	Armazenagem Preparação de relatórios	Feiras e shows Redação de propostas		

Fonte: Porter (1997).

---

[16] Porter, 1997.

As atividades de infra-estrutura, gerenciamento de recursos humanos, desenvolvimento tecnológico e compras são consideradas atividades de apoio. É importante destacar que as ações estratégicas e operacionais da área de recursos humanos, tomando por base a figura de Porter, são na verdade um dos pilares da vantagem competitiva da empresa no mercado.

Para dar sustentação ao processo de privatização, é necessário desenvolver ou aperfeiçoar as atividades e as políticas de recursos humanos. A adoção de políticas inconsistentes nessa área acabará afetando a empresa como um todo e, conseqüentemente, sua vantagem competitiva.

Cada empresa vive uma realidade peculiar, mas seu sucesso, segundo Zaccarelli, depende de três condições fundamentais e interdependentes. A primeira delas é estar num bom negócio e conhecer o mercado de atuação; a segunda é adotar uma boa estratégia; e a terceira é ter maior funcionalidade interna que os concorrentes, ou seja, operar de forma eficiente, evitando desperdícios e estabelecendo prioridades de atuação.[17]

A empresa cuja área de recursos humanos preste um serviço diferenciado em relação às empresas concorrentes estará demonstrando alta funcionalidade interna na medida em que consiga agregar valor ao negócio. Ainda segundo Zaccarelli, o grande desafio para as empresas é saber "mudar a estratégia e não fazer uma sucessão de novos planos estratégicos". Para tanto, cabe à empresa decidir qual será a "estratégia de mudança da estratégia". Assim, ela escolhe entre reduzir custos ou crescer, conforme o momento e os cenários analisados.

Várias são as estratégias de reestruturação e de crescimento adotadas pelas empresas na última década. No entanto, optamos por destacar aqui as estratégias de reestruturação que envolvem reengenharia, qualidade, *downsizing* e terceirização, bem como as estratégias de crescimento baseadas nas competências essenciais da organização.

Estratégias de reestruturação

Os administradores sabem que trabalhar com uma empresa enxuta e ágil não pode ser a única estratégia, e que a redução de custos é uma tática, e não um objetivo empresarial em si mesmo. Muitas empresas adotaram programas de reengenharia, terceirização, *downsizing* e qualidade, esperando com isso crescer e melhorar o desempenho do negócio. Vale notar, porém, que esses programas não produzem necessariamente um crescimento consistente, e que ultimamente muitas empresas se tornaram especialistas em cortes, e não em criar valor para seus clientes.

---

[17] Zaccarelli, 1996.

Novo controlador? Práticas adotadas na gestão de pessoas

A descrição das estratégias a seguir não visa esgotar seus aspectos conceituais, metodológicos ou práticos, mas apenas mostrar seus pressupostos básicos, o processo de mudança que cada uma delas desencadeia para a gestão de recursos humanos, bem como suas implicações para o processo de privatização.

Reengenharia de processos

Segundo Hammer,[18] a mudança fundamental proposta pela reengenharia vai além da análise específica das etapas de cada processo do negócio a ser reformulado. De forma complementar, cumpre analisar também as políticas de remuneração e as estruturas organizacionais.

Cumpre moderar a expectativa em relação aos resultados da reengenharia, pois ela está sendo usada do mesmo modo como a qualidade e o planejamento estratégico foram usados no passado, ou seja, como uma panacéia para todos os problemas da empresa.

Na empresa privatizada, a reengenharia pode servir para reorganizar os processos, as estruturas, os sistemas de informação e as funções desempenhadas pelas pessoas, obtendo-se assim maior agilidade e competitividade do que na fase estatal.

Para a área de recursos humanos, as implicações de um projeto de reengenharia são muitas, a começar pela necessidade de se efetuar a avaliação dos cargos remanescentes. Pode ser que as atribuições de um determinado cargo tenham aumentado consideravelmente. Por outro lado, com a introdução de sistemas automatizados de informação, talvez seja possível fazer o mesmo trabalho com um efetivo menor, sem sobrecarregar as pessoas. Nas duas situações, a principal tarefa da área de recursos humanos será procurar conhecer as mudanças em curso, oferecer sugestões e alterar o que for necessário para que seu sistema reflita a nova realidade da empresa.

Programas de qualidade

Após as medidas tomadas pelo governo Collor em 1990, dois fatores contribuíram para a mudança do conceito de qualidade até então adotado pelas empresas: a recessão que então se instalou no mercado interno; a ameaça concreta dos produtos concorrentes estrangeiros fez com que as empresas começassem a reconsiderar seus mercados.

Ser uma empresa de categoria mundial, aspiração maior num contexto globalizado, exige compromisso com a qualidade total, além de preocupação constante com a aprendizagem e a inovação. Praticar o gerenciamento da qualidade total (TQM) significa conciliar objetivos de longo e curto prazos no atendimento

---

[18] Hammer, 1995.

aos clientes, antecipando-se a uma ou mais de suas expectativas com relação a produto, prazo, ausência de erros, tecnologia, serviço e capacitação de recursos humanos.

A implantação de um programa de qualidade total requer a introdução de alguns valores no dia-a-dia da empresa: prioridade ao cliente, liderança, participação dos empregados, sistemas de premiação e recompensas, redução do tempo de ciclo de manufatura de produtos ou serviços, prevenção de falhas, gerenciamento por dados objetivos, estabelecimento de parcerias com clientes e fornecedores, e responsabilidade social. Sua evolução ocorreu a partir do controle estatístico de processo, ferramenta de auxílio no gerenciamento industrial que capta as exceções e variações do processo produtivo.

Em princípio, as empresas que adotam o sistema da qualidade ISO 9000 têm maior probabilidade de sucesso na sua adaptação ao TQM, pois trabalham com estruturas específicas, tais como conselho da qualidade, comitê executivo da qualidade e diversos grupos de trabalho com competências multidisciplinares. Tanto o sistema ISO 9000 quanto o TQM dependem dos recursos humanos para que seus objetivos sejam plenamente alcançados.

As empresas privatizadas podem já possuir a norma ISO 9000, mas nota-se que muitas se preparam para aderir a novas normas, como a ISO 14000 de meio ambiente ou as normas de responsabilidade social, engajando-se verdadeiramente num programa holístico de TQM.

Segundo Souza Neto, a introdução dos programas de qualidade total e de reengenharia implicam as seguintes transformações na organização:

- o desenvolvimento do processo passa a ser tarefa de todos os empregados, e não apenas dos administradores e especialistas;
- criam-se grupos de trabalho multifuncionais e de alto potencial;
- os empregados passam a ser conhecidos como associados, e os gerentes, como facilitadores;
- a avaliação de desempenho é ampla, envolvendo subordinados, chefes, equipes, fornecedores e clientes;
- os salários e as recompensas devem incluir maior variedade de valores, além do salário nominal, dos benefícios e de eventuais elogios;
- as promoções e os aumentos salariais devem basear-se mais na aquisição de competências adicionais e menos na especialização;
- o treinamento deve incorporar um plano geral incluindo o desenvolvimento do processo, e não apenas competências e tarefas;
- as relações de trabalho devem estimular a parceria entre a empresa e as pessoas;

□ a área de recursos humanos ganha maior importância, mas diminui de tamanho;

□ os princípios de priorização do cliente devem ser aplicados em todos os níveis.[19]

Downsizing

O *downsizing* visa eliminar a burocracia, acelerar os processos decisórios e dar maior autonomia aos funcionários. Infelizmente, a maioria dos esforços simplesmente reduziu a folha de pagamento, quase sempre eliminando as pessoas erradas. Funcionários inteligentes, dinâmicos, autoconfiantes e independentes normalmente estão entre os primeiros a aceitar ofertas de demissão voluntária ou de aposentadoria antecipada.

A redução do quadro de funcionários pode parecer atraente pela economia que representa, mas também pode privar as empresas de certas competências fundamentais para a sua competitividade, resultando na perda de anos de investimento em treinamento.

O *downsizing* como estratégia de recuperação da saúde financeira começou a ser praticado na década de 1980 pelas empresas norte-americanas, então às voltas com a concorrência japonesa. Como estavam inchadas em seu efetivo e com produtos defasados tecnologicamente, as empresas reduziram os níveis hierárquicos e remanejaram seus empregados, demitindo-os quando necessário, especialmente os gerentes. No entanto, sabe-se que as empresas muito burocratizadas ainda necessitarão de gerentes de nível médio, justamente os mais visados nas reestruturações.

No Brasil, o emprego dessa metodologia coincidiu com a abertura de mercado promovida pelo governo Collor, quando a maioria das empresas estava com excesso de funcionários e precisava rever o tamanho de suas estruturas para adequar-se aos novos tempos. Assim, passaram a demitir sem muito critério, ao passo que as boas práticas de *downsizing* só recomendam essa medida nas seguintes situações:

□ quando há excesso de níveis hierárquicos — nesses casos, convém atuar de forma localizada, isto é, em alguns setores, uma vez analisadas as conseqüências;

□ após fusões administrativas, aquisições ou incorporações — havendo funções superpostas, pode-se agir sobre a estrutura organizacional, mas sempre localizadamente.

A legislação brasileira contempla diretrizes para os projetos de privatização no que se refere à dissolução ou diminuição das estruturas. Em termos legais, o art. 54 do Decreto nº 724/93 prevê "a obrigação dos adquirentes de ações do controle

---

[19] Souza Neto, 1997.

acionário da sociedade privatizada, na hipótese de dissolução, liquidação e também se houver redução do quadro de pessoal, de fazer com que ela patrocine, nos seis meses subseqüentes à privatização da sociedade, programa de treinamento de mão-de-obra".[20]

A fim de preservar o clima organizacional e a competência e o desempenho dos funcionários, as empresas deveriam primeiro cortar o trabalho desnecessário e remanejar as pessoas para setores onde possam estar fazendo falta, evitando assim o enxugamento de seu efetivo.

Constatamos que o número de empregos diminuiu na década de 1990, ao passo que a produção, a produtividade e os investimentos aumentaram no mesmo período. Nesse cenário, compete à gestão de recursos humanos:

- praticar a comunicação com os funcionários, esclarecendo a verdadeira situação da empresa, seja nos bons ou nos maus momentos, como estratégia de modernização das relações de trabalho;
- comprometer os funcionários com os objetivos de seu trabalho, aumentando a sua participação no processo decisório;
- modernizar o sistema de recursos humanos, visando maior autonomia no ambiente de trabalho e enfatizando o autodesenvolvimento e a avaliação de desempenho das equipes.

Terceirização

Consiste em transferir para terceiros certas atividades que não fazem parte do negócio principal da empresa. A terceirização pode contribuir para que a empresa mantenha a sua competência essencial, desde que não se trate simplesmente de contratar o fornecedor mais barato.

A terceirização tem sido uma prática constante nas empresas, sobretudo nos serviços de restaurante, limpeza, segurança e vigilância. Em certos setores econômicos, costumam-se terceirizar também os serviços de manutenção e algumas operações acessórias. Tal medida possibilita que os gerentes se atenham às estratégias que visam efetivamente ao crescimento da empresa mediante o acesso a novas tecnologias e *know-how*.

Nas empresas privatizadas, por conta da redução do efetivo, duas situações podem estar ocorrendo: boa parte dos serviços foi terceirizada; e o investimento em tecnologia permitiu manter ou aumentar os níveis de produção e produtividade.

---

[20] Mameluque, 1995:47.

Novo controlador? Práticas adotadas na gestão de pessoas

Estratégias de reestruturação e redução de custos

Ao analisarmos as estratégias de reestruturação, vemos quão importantes e legítimas são as preocupações dos executivos com qualidade total, produtividade, reestruturação e reengenharia, mas essas ferramentas têm mais a ver com o dia-a-dia da empresa do que com o seu futuro. Os executivos deveriam gastar mais tempo tentando aumentar o numerador, isto é, gerar maiores ganhos identificando novas oportunidades no mercado, antecipando-se às novas necessidades dos clientes e construindo novas competências (habilidades, tecnologias, alianças e capacitação mental), do que trabalhando com o denominador na expectativa de obter um melhor retorno sobre o investimento com medidas de curto prazo e custo social elevado, como desinvestimentos, cortes de despesas etc. A empresa pode até pôr em prática o *downsizing* e a reengenharia sem se preocupar em rever sua estratégia principal ou redefinir fundamentalmente o seu mercado, sem ter que imaginar o que seus clientes desejarão nos próximos 10 anos. Contudo, se não fizer essa reavaliação fundamental, ela perderá sua vantagem competitiva em relação aos concorrentes. A defesa da posição atual de liderança não substitui a criação da futura liderança.

Assim, a visão estratégica reconhece que a liderança em competências essenciais precede a liderança em produtos, concebendo a corporação como um portfólio de competências e também como um portfólio de empresas. Segundo Hamel e Prahalad, a competição costuma dar-se entre coalizões de empresas e mesmo dentro dessas coalizões, e não entre empresas isoladas, sendo a diferença a percepção global voltada para a ocupação prévia dos mercados.[21]

Estratégias de crescimento

As estratégias de reestruturação anteriormente apresentadas produzem melhorias internas, mas por si só não bastam para levar a empresa ao crescimento. Cortar custos e querer crescer são dois lados da mesma moeda. Crescer faz parte da missão da empresa; sem crescimento, os custos podem se tornar incontroláveis. Na economia do século XXI, compete a cada empresa encontrar novos meios de crescer. Ser a maior empresa não significa necessariamente ser a melhor, assim como o crescimento não se verifica necessariamente em detrimento de um concorrente. Ao contrário, o concorrente pode até ser um parceiro em determinado segmento de mercado.

O crescimento pode advir do gerenciamento do portfólio de produtos ou serviços, determinando em que ramos se pretende operar; da atuação em nichos de mercado; do estabelecimento de alianças empresariais; e do investimento em pesquisa e desenvolvimento. No entanto, para obter maiores lucros no futuro, a

---

[21] Hamel & Prahalad, 1995.

empresa deve investir em suas competências essenciais, transferindo ao cliente um benefício fundamental. A competência não consiste numa única habilidade ou tecnologia, e sim num conjunto de habilidades e tecnologias subjacentes à liderança numa gama de produtos ou serviços.

A criação de um novo espaço competitivo num mercado onde concorrem empresas de categoria mundial pode levar de cinco a 10 anos ou mais. É difícil reduzir esse prazo porque o desenvolvimento das competências requer mais aprendizado do que inventividade.

Uma competência essencial é uma fonte de vantagem competitiva para a empresa e se traduz basicamente numa aptidão de gestão ou numa propriedade intelectual. A empresa só conseguirá administrar ativamente suas competências essenciais:

- ❑ se os gerentes compartilharem a mesma visão dessas competências;
- ❑ se elas se tornarem parte do processo administrativo como um todo, não sendo exclusivamente do interesse do corpo técnico;
- ❑ se houver estabilidade nas equipes de gerência sênior;
- ❑ se as metas estratégicas tiverem continuidade.

Ultimamente as empresas vêm adotando a prática do *global sourcing*, pela qual o abastecimento se faz através de fornecedores internacionais em detrimento do mercado nacional e a concorrência se dá num mercado aberto e globalizado, o que explica as inúmeras fusões e incorporações ocorridas em muitos setores da economia. Pode-se observar essa tendência nas corporações mundiais que buscam obter escala adequada para competir em mercados globalizados.

Cientes dessa realidade, após o período de privatização as empresas brasileiras vêm buscando uma associação de interesses com parceiros nacionais e estrangeiros, no intuito de adquirir tecnologias que permitam obter maior produtividade e desenvolver novos produtos para melhor atender às necessidades dos consumidores.

Nesse contexto de forte competição, além dos fatores tecnológicos, é igualmente relevante a contribuição das pessoas para uma integração organizacional que permita desenvolver ações homogêneas junto ao mercado. Não se trata de impor a competência específica à organização através de mudanças estruturais, e sim de incutir essa perspectiva em cada gerente e funcionário.

Quanto às políticas de administração de recursos humanos adotadas para levar adiante o processo de privatização, é de se esperar que contribuam não só para melhorar o desempenho da empresa, mas também para aumentar a satisfação e a motivação de seus empregados. Durante a reestruturação, cabe à área de recursos humanos zelar pelo clima organizacional e pela manutenção de talentos, verdadeiros alicerces da empresa num ambiente competitivo, bem como difundir a nova missão e os novos valores da cultura da organização.

É importante frisar que a aplicação dessas técnicas pelas empresas, se por um lado resolveu a questão da competitividade nos negócios, por outro lado exigiu das pessoas um enorme esforço de adaptação. Elas tiveram que se reciclar e modificar velhos hábitos, tornando-se co-responsáveis pelos resultados da gestão. O estresse e a ansiedade passaram a dominar, e o tema qualidade de vida no trabalho ganhou destaque a partir da segunda metade da década de 1990. Infelizmente, muitos não conseguiram satisfazer às exigências do novo mercado de trabalho, que não só se tornou mais competitivo como também encolheu, agravando ainda mais um dos problemas cruciais da sociedade brasileira neste novo milênio: o desemprego.

Capítulo 4

Administração de pessoas

Este capítulo tem por objetivo mostrar como a administração de pessoas contribuiu para as transformações por que passaram as empresas. Faremos um breve resumo de sua evolução no Brasil, destacando o papel do profissional de RH na construção de uma organização competitiva, pautada nas dimensões humana e técnica. Descreveremos os principais fatos da história contemporânea que influenciaram os padrões das relações de trabalho e, conseqüentemente, as políticas de gestão de recursos humanos nas empresas.

Evolução da área de recursos humanos no Brasil

A gestão da área de recursos humanos integrada aos negócios da empresa não apenas contribui para a sua própria condição competitiva, como também possibilita às pessoas aprenderem e inovarem no ambiente de trabalho.

Segundo Fleury e Fischer, as políticas de gestão de recursos humanos e os padrões das relações de trabalho adotados no Brasil têm a ver não só com as transformações políticas, sociais e econômicas de cada época, mas também com as vicissitudes da própria administração de recursos humanos e com a instância do simbólico, a qual remete à identidade organizacional e funciona como fator de comunicação e consenso nas questões organizacionais.[22]

As técnicas de gestão utilizadas nessa área vêm-se transformando, pois sua base remonta aos modelos trazidos pelas multinacionais nas décadas de 1950 e 1960. Atualmente as necessidades e expectativas das empresas são bem diferentes e, de certa forma, vêm exigindo dos profissionais de RH uma revisão dos conceitos utilizados com êxito até então.

---

[22] Fleury & Fischer, 1992.

Novo controlador? Práticas adotadas na gestão de pessoas

A área de recursos humanos, que tem por vocação a prestação de serviços, iniciou na década de 1960 um processo de informatização de suas atividades. Esse fenômeno, observado inicialmente nas grandes companhias, possibilitou a produção de trabalhos técnicos e análises que vieram dar embasamento ao processo decisório nas questões de pessoal. Porém, somente nos anos 1980 é que a automatização da área de recursos humanos ganhou impulso, graças ao uso de sistemas informatizados que conferiram maior velocidade e agilidade ao processo decisório. Hoje a teleinformática permite a troca instantânea de informações entre as áreas de recursos humanos e a matriz.

Desde as intervenções do governo na relação entre capital e trabalho, passando pelo ressurgimento dos movimentos sociais e sindicais, até a atuação dos agentes sociais restabelecendo a livre negociação, a cúpula diretiva das empresas costumava centralizar as principais decisões sobre pessoal, cabendo assim aos responsáveis pela gestão de RH o papel de meros porta-vozes das instâncias superiores. Apenas recentemente, com a introdução de novas tecnologias e a abertura econômica, é que a liderança ampliou sua esfera de ação, ficando mais próxima dos processos, orientando e treinando as pessoas nos postos de trabalho.

O início da década de 1990 se notabilizou por mudanças no contexto político, econômico e social que influenciaram significativamente a administração das empresas. Para sobreviverem e serem competitivas nos novos tempos, as empresas introduziram mudanças nos processos de produção e adotaram novas formas de organização, modernizando os postos de trabalho. A automação tornou menos árduas as tarefas do trabalhador e propiciou ao empregador maior controle sobre os processos produtivos. O aumento da escolaridade formal na fábrica e a requalificação profissional tornaram-se hoje indispensáveis. Mas as mudanças ocorridas nos processos de trabalho não pararam na automação. A adoção de técnicas de gestão ligadas à qualidade e à produtividade, tais como JIT (combate ao desperdício), Kaizen (aprimoramento constínuo), células de manufatura (responsabilidade compartilhada pela produção), controle estatístico do processo (estudo das variações e exceções ocorridas no processo) e TPM (manutenção produtiva total em busca da quebra zero), veio exigir das empresas maior investimento em treinamento, o que levou à substituição de trabalhadores não-qualificados por outros de melhor nível técnico, contribuindo assim para aumentar o desemprego. Outras mudanças verificadas no mesmo período, como a maior participação das chefias nos problemas de recursos humanos e o maior envolvimento dessa área com os resultados da empresa, exigiram a adoção de políticas que dessem sustentação às estratégias de redução de custos ou de crescimento mencionadas no capítulo anterior.

Nesse novo contexto das relações de trabalho, a gestão de recursos humanos, que antes se caracterizava sobretudo por ações reativas às forças externas, passou a exigir uma postura mais proativa dos profissionais que atuam nessa área.

O papel da área de recursos humanos

O papel da área de recursos humanos é executar o trabalho tradicional e, ao mesmo tempo, criar meios de valorizar as competências das pessoas, apoiando a flexibilização das relações de trabalho. No entanto, em muitas empresas ainda prevalece o trabalho tradicional, daí a dificuldade de compreender as mudanças nos negócios e nas expectativas das pessoas. Em vez de concentrar-se exclusivamente nos instrumentos técnicos de gestão, caberia à área de recursos humanos apoiar plenamente a linha de comando, principal responsável pela gestão de pessoas, compartilhando com ela essa responsabilidade, propondo políticas e atuando nos processos de mudança e na construção dos novos valores e padrões da cultura organizacional.

Como o papel da área de RH encontra-se em transição, existem alguns obstáculos a serem considerados. Por exemplo:

❏ Os tradicionais sistemas de remuneração e de avaliação de desempenho contemplam exclusivamente o pagamento fixo e/ou o mérito individual. Atualmente, administrar a remuneração e o desempenho é um trabalho compartilhado que privilegia os resultados da equipe. Porém, muitas empresas, por receio ou desconhecimento, se recusam a inovar nesse aspecto.

❏ Os serviços prestados pela área de RH às vezes são pouco divulgados aos empregados, especialmente quando o conglomerado inclui pequenas empresas coligadas ou controladas espalhadas em diversas regiões. Nesse caso, é necessário rever a estrutura de RH e a forma de comunicação das políticas.

❏ Atualmente observa-se uma mudança de eixo nas negociações. Se antes elas eram quase sempre conduzidas de forma conjunta entre os sindicatos patronais e profissionais, agora se dão por grupo de empresas ou região. Contudo, seja por receio de liderar tendências, seja por excesso de preocupações legalistas, a área de RH às vezes se exime de propor à direção esse estilo de negociação.

❏ Outro problema é a pouca aproximação da área de recursos humanos com os seus clientes internos. Algumas empresas já definiram a missão dessa área em função da estratégia empresarial e a estão pondo em prática, ao passo que outras nem sequer começaram a fazê-lo.

❏ A função de comunicação interna em empresas focadas na dimensão técnica limita-se a avisos formais em quadros oficiais. Tal função, que pode ou não estar situada na estrutura de recursos humanos, contribui não só para o desenvolvimento de normas, valores e crenças, mas também para o contínuo aprendizado organizacional.

❑ Dependendo do porte da empresa e dos recursos disponíveis, o nível de informatização da área de RH pode ser baixo, o que prejudica a divulgação de informações à liderança e aos funcionários, além de exigir maior número de pessoas nessa área.

Situação atual

As transformações que estão ocorrendo na área de recursos humanos no Brasil tendem a se concentrar principalmente nas grandes corporações. Uma análise da situação permite algumas constatações no que diz respeito à dimensão humana:

❑ em muitas empresas, a área de recursos humanos não está mais monopolizando informações nem a gestão de determinados processos, principalmente em situações de conflito na hierarquia;

❑ nota-se maior preocupação das gerências com o treinamento inicial e a integração do funcionário;

❑ a transparência nas relações interpessoais está se tornando um valor imprescindível;

❑ a área de recursos humanos começa a sair de seu isolamento ao descobrir que existem públicos que dependem de seu trabalho (os acionistas, os clientes, os gerentes e os funcionários).

No que se refere à dimensão técnica:

❑ Relações trabalhistas e sindicais — estão sendo adotadas novas formas de relacionamento entre empresa e sindicato, como se pôde ver nos últimos acordos da indústria automobilística.

Com a retomada da ação dos sindicatos, no final da década de 1970, os profissionais de RH das grandes empresas passaram a participar mais intensamente das negociações, seja na renovação anual do acordo coletivo, seja na alteração do regime nos turnos de trabalho, seja ainda nas situações de greve.

❑ Recrutamento e seleção — a preocupação com a identificação de talentos se acentuou nos últimos tempos. Ao recrutar, a empresa objetiva atrair pessoas com bom potencial e desempenho em suas carreiras.

Entre os instrumentos de seleção mais utilizados estão: a dinâmica de grupo, técnica que permite observar como o candidato interage com outras pessoas na solução de problemas; a prova situacional, que avalia a capacidade de decisão em determinadas situações; os testes de avaliação de potencial, que visa confirmar se o candidato está devidamente capacitado para exercer o cargo pretendido.

❑ Treinamento e desenvolvimento — as empresas começam a investir em programas de treinamento orientados para o negócio e a valorizar o profissional de formação genérica que esteja interessado no autodesenvolvimento e em agregar valor à empresa. Tais programas têm por objetivo: formar executivos com visão internacional; preparar o operário para o trabalho com produtividade e qualidade; capacitar líderes para o trabalho participativo; iniciar o pessoal de vendas nas modernas técnicas de marketing; esclarecer os funcionários a respeito das normas relativas a saúde, segurança e meio ambiente (o Brasil tem hoje uma das mais avançadas legislações nesse campo, o que permitiu reduzir o número de acidentes e doenças profissionais no país); avaliar o desempenho numa perspectiva mais ampla, incluindo não apenas o superior imediato, mas também os iguais e os subordinados.

❑ Administração da remuneração — ganham maior importância as formas de remuneração variável que melhor atendam aos interesses da organização e dos trabalhadores, ao mesmo tempo em que se procura rever a postura paternalista do empregador com relação aos benefícios concedidos.

❑ Registro, documentação e controle — controlar a freqüência, elaborar a folha de pagamento, recolher encargos, controlar férias, realizar registros legais, enfim, todos esses serviços considerados básicos vêm sendo racionalizados e até descentralizados, principalmente nas empresas de maior porte. Vale mencionar a abolição do controle da jornada de trabalho por meio do cartão de ponto, podendo os supervisores informar faltas ou horas extras via terminal de computador.

Como o sistema de recursos humanos e suas atribuições foram concebidos numa época em que não havia tantas mudanças, certas práticas tradicionais tendem a desaparecer devido às novas exigências contemporâneas. No futuro, o grande desafio das organizações será crescer mediante estratégias que interliguem as pessoas, os negócios e os sistemas, permitindo conquistar mercados e um bom posicionamento diante dos concorrentes. E tal desafio impõe o redesenho do modelo de gestão de RH, como propõem, aliás, André Fischer[23] e Joel Dutra.[24]

A seguir apresentamos três modelos que permitirão compreender melhor qual deveria ser o papel da área de recursos humanos num contexto estratégico e de mudança.

---

[23] Fischer, 1998.

[24] Dutra, 2002.

Múltiplos papéis em recursos humanos

Uma das propostas de gestão da área de recursos humanos é apresentada por Dave Ulrich, que afirma: "Se a capacidade de organização tornou-se fonte de competitividade, e se os gerentes e os profissionais de RH devem defender a capacidade de organização, então é necessário que surja uma nova proposta, em termos de metodologia de trabalho, para os profissionais desta área".[25]

Em outras palavras, o que Ulrich propõe é que os profissionais de recursos humanos e os gerentes trabalhem juntos. Segundo ele, a união de esforços se justifica pelos seguintes motivos:

- Com a globalização, a estabilidade corporativa está sendo substituída pela auto-estabilidade, fruto do talento e do esforço individuais. A empresa, por sua vez, deve fazer um auto-exame para saber se possui competências, experiência, recursos e, principalmente, visão global que a credenciem à competição.

- Os gerentes e os profissionais de RH devem dar menos atenção às atividades internas da empresa e concentrar esforços na cadeia de valor (fornecedores e consumidores).

- A empresa, além de continuar cuidando dos custos, deve buscar um crescimento lucrativo, valorizando suas competências essenciais na criação de novos produtos e mercados. Para tanto, pode recorrer a *joint-ventures*, fusões, aquisições ou associações, o que implica ajustar a cultura organizacional, adotando novas formas de contratação, comunicação e treinamento de pessoal para melhor atender às necessidades dos consumidores.

- O mercado está valorizando a regularidade e os padrões globais de qualidade. Não adianta a empresa ter o melhor produto e não poder fabricá-lo dentro de padrões estáveis. A empresa deve criar confiabilidade, abolir fronteiras hierárquicas, adquirir capacidade de mudança e primar pela constante inovação.

- As mudanças organizacionais não podem demorar e provocar traumas nas empresas, como se tem visto em certos casos de reengenharia. Compete à área de RH formular um modelo de gestão e promover a sua implementação.

- As tecnologias estão determinando novas formas de relacionamento e produtividade nos postos de trabalho. Os gerentes e os profissionais de RH devem encontrar meios de tornar a tecnologia uma aliada na concretização dos resultados empresariais e na obtenção de um clima organizacional saudável.

- A empresa necessita de uma liderança que atue em equipe, de forma descentralizada, assumindo riscos e comprometendo-se com as soluções. Portanto, o

---

[25] Ulrich, 1998:15.

grande desafio é atrair e reter o capital intelectual, para poder melhor difundir as idéias e informações por toda a empresa.

❑ A transformação é uma condição indispensável à sobrevivência da empresa, e esta deve projetar uma mesma imagem tanto para os funcionários quanto para o mercado.

A figura 5 mostra o modelo proposto por Ulrich:

Figura 5
O modelo de múltiplos papéis em recursos humanos

```
                      FUTURO ESTRATÉGICO
                             FOCO

           Administração das        Administração da
           estratégias de           transformação e
           recursos humanos         da mudança

PROCESSOS  ─────────────────────────────────────── PESSOAL

           Administração da         Administração da
           infra-estrutura da       contribuição dos
           empresa                  funcionários

                   COTIDIANO OPERACIONAL
                             FOCO
```

Segundo esse modelo, o profissional de RH deve desempenhar múltiplos papéis simultaneamente, ao contrário do que ocorria no passado, quando se enfatizava unicamente o papel estratégico ou operacional. Mesmo que alguns profissionais de RH não sejam competentes nos quatro papéis, a equipe como um todo compensará as deficiências. As responsabilidades em cada quadrante são descritas a seguir:

Administração das estratégias de RH

Compete à área de RH traduzir a estratégia em ação, criando políticas que sustentem a arquitetura organizacional. Assim, por exemplo, para apoiar o fomento das competências, ela pode definir uma política coerente de contratação e desenvolvimento de pessoal; para sustentar certo nível de retenção das pessoas, ela deve estabelecer parâmetros de avaliação e de compensação; para criar um sistema de comando, ela pode contribuir para o desenho organizacional estabelecendo políticas e canais de comunicação; para gerir os processos de trabalho, ela pode colaborar na introdução de melhorias e na implementação dos processos de mudança. Em nossa pesquisa, constatamos que a responsabilidade é dividida com os gerentes de linha em proporções que variam de uma empresa para outra.

Administração da mudança

O papel da área de RH no processo de mudança pode ser resumido em duas frases de Dave Ulrich:

- ❏ "O sucesso do profissional de RH como agente da mudança depende de que ele consiga substituir a resistência pela resolução, o planejamento pelos resultados e o medo da mudança pelo entusiasmo em relação às suas possibilidades";
- ❏ "Os profissionais de RH como agentes de mudança não conduzem a mudança, mas devem ser capazes de fazer com que ela se realize".[26]

Em nossa pesquisa, constatamos a seguinte distribuição de responsabilidades: área de RH, 30%; consultores, 30%; gerentes de linha, 40%. O baixo índice atribuído à área de RH sugere que ou os profissionais eram incompetentes ou vinham atuando em bases tradicionais, sem demonstrar a mesma confiança que os consultores externos, que asseguram ao cliente que a mudança acontecerá.

Administração da contribuição dos funcionários

A contribuição do funcionário é fundamental porque, para produzir mais com menos funcionários, as empresas não têm outra escolha senão tentar envolvê-los de corpo e alma em seu projeto. Ulrich constatou que os empregados aceitam desafios desde que tenham recursos para atender às demandas diárias; caso contrário, ficam deprimidos. Igualmente importante para que os funcionários tenham melhor desempenho é a participação de suas famílias em programas que as ajudem a compreender as exigências do trabalho. Nossa pesquisa indicou que a responsabilidade está assim dividida: gerentes de linha, 60%; funcionário, 20%; área de RH, 20%. No passado, a responsabilidade cabia quase inteiramente a esta última.

Administração da infra-estrutura

Os profissionais de RH trabalham como especialistas administrativos. A própria área de RH deve promover a melhoria de seus processos, desenvolvendo modelos que criem valor para a empresa e para seus clientes. Para reestruturar os sistemas sob sua responsabilidade, os profissionais da área não precisam alegar que a centralização lhes daria maior poder e autoridade para a mudança. Existem várias alternativas para se executar os serviços administrativos de RH, e nossa pes-

---

[26] Ulrich, 1998:190.

quisa revelou que a responsabilidade está assim dividida: área de RH, 50%; terceirização, 30%; informatização, 20%.

O modelo proposto não deixa de destacar a necessidade de modernizar e racionalizar os instrumentos técnicos de gestão, mas sugere que o papel fundamental da liderança está na dimensão humana.

Modelo integrado de recursos humanos

A gestão de recursos humanos integrada e orientada para os resultados figura na lista de prioridades de todos os dirigentes e profissionais de RH que pretendam gerir suas equipes de maneira transparente e sem paternalismos, estimulando a inovação e a criatividade.

No início da década de 1990, a área de recursos humanos viu-se diante da necessidade de desenvolver políticas orientadas para resultados. As transformações econômicas, sociais e organizacionais então em curso exigiram dos administradores uma resposta para os novos padrões competitivos, uma mudança de mentalidade empresarial para a retomada do crescimento e uma gestão de pessoas coerente com os processos de mudança da organização como um todo.

Os dados referentes aos resultados esperados pela empresa em seu setor econômico de atuação passaram a servir de base para a formulação das diretrizes e dos objetivos das políticas de recursos humanos.

Ao desenvolver essas políticas visando um futuro melhor para a empresa e seus funcionários, a área de recursos humanos deve conceber o seu modelo de gestão procurando conciliar as metas internas de produtividade e qualidade com o reconhecimento e a recompensa almejados pelos funcionários, produzindo assim a sinergia necessária às operações da organização.

Ao analisar as empresas vencedoras do Prêmio Nacional da Qualidade (PNQ) — IBM Sumaré (1992), Xerox do Brasil (1993) e Citibank (1994) —, Mausbach Filho diz:

> Essas empresas planejam suas ações na área de RH de forma integrada e sustentadora dos seus negócios, criam inúmeros e similares meios para conseguir o comprometimento de seus colaboradores com seus planos e investem fortemente em treinamento e educação, criando as competências necessárias para a realização daqueles planos. Além disso, essas empresas sempre avaliam, reconhecem e recompensam os colaboradores que contribuem para o sucesso de seus negócios e criam um ambiente de trabalho propício ao bem-estar, motivação, sinergia de seus recursos humanos.[27]

---

[27] Apud Chiavenato, 1996:194.

44 Novo controlador? Práticas adotadas na gestão de pessoas

Para explicar melhor como a área de recursos humanos pode contribuir para o processo de mudança da organização, selecionamos o modelo integrado de gestão de recursos humanos proposto por Rosa Maria Fischer, que se fundamenta no seguinte argumento:

> As mudanças organizacionais efetivadas são aquelas emergentes do seu próprio interior, equivalendo a dizer que estavam latentes na própria cultura. Isso me leva a inferir que, dos subsistemas constituintes de um sistema de gestão de recursos humanos, alguns têm intrinsecamente maior potencialidade para estimular e monitorar a mudança organizacional.[28]

O primeiro dos subsistemas latentes é o desenvolvimento de recursos humanos, no qual estão as funções de formação, treinamento, capacitação, desenvolvimento, mobilidade e sucessão. Segundo Fischer, pela própria dinâmica de suas atribuições, esse subsistema deveria se constituir na viga-mestra do sistema de recursos humanos, por agregar as funções estratégicas que asseguram o desenvolvimento e a perenidade da organização. Algumas empresas já adotam essa visão sistêmica, divulgando em *sites* na internet a sua política de recursos humanos.

O treinamento oferecido pelas empresas, em geral internamente, visa ampliar os conhecimentos e as habilidades dos empregados. Elas costumam vincular eventuais promoções ao cumprimento de um programa de cursos nos quais se procura mostrar à linha de comando e aos funcionários a importância do papel que cada um representa nesse processo de aprendizagem individual e organizacional imposto pelos novos tempos.

O segundo subsistema latente diz respeito às comunicações, ou seja, às relações entre pessoas, grupos e áreas da organização através dos canais competentes, tendo em vista a transparência das ações da alta administração junto aos empregados.

Os programas de comunicação dentro das empresas servem, entre outras coisas, para definir e disseminar, com a participação de todos os funcionários, a visão de futuro e a missão da organização, assim prevenindo mal-entendidos, melhorando o clima e otimizando o desempenho no trabalho. Fazer com que os funcionários compartilhem da visão e da missão da empresa é um trabalho de longo prazo que visa principalmente torná-los comprometidos com o futuro da organização. Em geral, o processo funciona da seguinte maneira:

❑ a empresa tem que fazer com que seus valores e objetivos sejam compreendidos e se traduzam em ações efetivas, de modo que a estratégia se torne uma prática cotidiana entre os seus membros;

❑ a direção incumbe os principais executivos, em geral assessorados por consultores, de apresentar um protótipo, reservando para si os pequenos ajustes institucionais;

---

[28] Fischer, 1992:63.

- elaboram-se materiais de divulgação e promoção, como folhetos, cartazes, adesivos etc., convidando o pessoal a participar, e promovem-se campanhas para incentivar o trabalho em equipe;
- solicita-se às chefias que debatam os novos conceitos com seus subordinados, procurando transformar a visão e a missão em objetivos departamentais a serem cobrados na avaliação de desempenho.

Os instrumentos de comunicação interna — periódicos, boletins, encontros com a diretoria, cartas ao presidente, caixas de sugestões e quadros de aviso — possibilitam à área de recursos humanos divulgar a postura da empresa com relação à ética nos negócios e à preservação do meio ambiente.

Preocupadas em melhorar a qualidade de vida no trabalho, algumas empresas passaram a convidar os familiares dos funcionários a conhecerem suas instalações e participarem de palestras sobre as atividades, os produtos e os valores da organização. A integração com a comunidade no tocante às questões ambientais tem aumentado nos últimos anos, levando muitas empresas, principalmente as que fabricam produtos considerados perigosos, a estabelecerem um canal de comunicação permanente com a população.

O terceiro subsistema latente que permite viabilizar a proposta do sistema integrado de recursos humanos é o comportamento coerente da linha de comando, procurando aliar o discurso à prática. Vale considerar que os gestores, como legítimos representantes da administração, são os responsáveis por incorporar ao cotidiano operacional a gestão das pessoas e a prática das relações do trabalho, contando para tanto com a assessoria da área de recursos humanos. Entre as responsabilidades dos gestores nas relações com as pessoas cabe destacar o reconhecimento do desempenho e o incentivo às competências individuais e profissionais.

Reconhecer e valorizar o desempenho individual numa equipe é distinguir perante todos o colaborador que se destacou por seu empenho na realização de alguma tarefa ou na solução de algum problema. Mas cumpre reconhecer também o desempenho do grupo, premiando todos os seus membros em função das metas atingidas.

No que diz respeito ao exercício da gestão, já se pode observar entre as empresas uma tendência para incentivar o trabalhador a assumir responsabilidade pessoal pelas situações produtivas. Segundo Zarifian,[29] trata-se de colocar a serviço da empresa uma competência pessoal que resulta da disposição do indivíduo para enfrentar as complexidades crescentes do trabalho, independentemente do grau de supervisão a que esteja submetido. A seu ver, tal competência se distingue daquelas advindas da formação e da experiência profissionais do trabalhador.

---

[29] Zarifian, 1996.

Nas empresas privatizadas, existem situações em que a configuração do trabalho já comporta a aplicação desses conceitos. Em termos gerais, porém, isso só é recomendável nos seguintes casos:

- cargos nos quais a obtenção de resultados depende mais do ocupante do que da descrição de atribuições;
- grupos autogerenciados, nos quais o resultado individual é menos importante do que a contribuição para o trabalho do grupo;
- cargos desenhados para que seus ocupantes possam crescer, a exemplo dos *trainees*.

Discute-se qual será o papel dos gestores e qual será o modelo de relações de trabalho no futuro. Segundo Maria Tereza Fleury,[30] há quem defenda os modelos tradicionais que valorizam o emprego e a remuneração estáveis, e há quem valorize a empregabilidade, embora ressalvando que somente continuará empregado o indivíduo que trouxer resultados para a empresa. Essa polarização deixa em aberto qual será o desenho da organização do futuro, mas as respostas só serão encontradas através da inovação e da aprendizagem organizacional.

A nova administração de recursos humanos

O terceiro e último modelo baseia-se nos argumentos de Mohrman e Lawler III, para quem a área de recursos humanos está deixando de ser meramente de *staff*, responsável pela elaboração e o cumprimento de regras, para concentrar-se no apoio estratégico, fornecendo melhores informações ao pessoal de linha, como mostra a figura 6.[31]

Figura 6
O moderno posicionamento da área de recursos humanos

Fonte: Elaborado pelo autor com base em Mohrman & Lawler (1995).

---

[30] Fleury, 1995.
[31] Mohrman & Lawler III, 1995.

Segundo esse modelo, a assimilação dos valores e o esclarecimento da visão e missão da empresa é que possibilitam obter vantagem competitiva. Para reformular esses aspectos e, conseqüentemente, seus objetivos, a empresa deve estar disposta a alterar os seus padrões culturais. Estes, de acordo com Freitas, desdobram-se em valores, crenças e pressupostos, ritos e cerimônias, lendas e mitos, tabus, normas e comunicação.[32]

O papel da área de RH é atuar interna e externamente como agente da mudança, induzindo à criação de valor no negócio, à parceria com a linha de comando e ao envolvimento das pessoas.

Aplicação dos modelos em empresas privatizadas

Eis algumas razões pelas quais os modelos aqui apresentados se aplicam principalmente às situações de privatização:

❑ Como os funcionários demandam transparência da nova empresa, compete à área de recursos humanos prestar apoio à linha de comando forjando e disseminando os valores, a visão, a missão e os objetivos da organização, bem como favorecendo o trabalho em equipe e evitando a propagação de boatos.

❑ É fundamental que os empregados participem das mudanças, conhecendo melhor as estratégias e o negócio da empresa. A própria área de recursos humanos deve reavaliar suas atribuições, participar na formulação da estratégia da empresa e ajudar na sua implementação.

❑ A privatização possibilita à empresa investir em novas tecnologias para desenvolver e aprimorar processos e produtos. Daí a importância do apoio da área de RH na criação dos programas de treinamento e no estreitamento das relações entre trabalhadores e empresa, tudo isso visando o aumento da competitividade e um melhor posicionamento no mercado.

❑ Os gestores da nova empresa certamente poderão contribuir para a introdução dos novos padrões culturais e para a manutenção de um bom clima interno, mas deverão ser orientados quanto ao seu papel nos processos de reestruturação organizacional e na divulgação dos novos valores da organização e das políticas de recursos humanos. Essa aproximação da área de recursos humanos com as áreas de linha da empresa se traduziria em: comunicação aberta com os funcionários; visão e informações compartilhadas; disseminação da postura ética nos negócios como uma filosofia interna, incluindo a preservação do meio ambiente; integração com as famílias dos funcionários e com a comunidade; maior abertura para discutir as reivindicações dos empregados; bom encaminhamento dos projetos tanto da empresa quanto de interesse pessoal dos empregados, mediante a designação de patronos e orientadores internos.

---

[32] Freitas, 1991.

Segundo Fischer e Comini, o processo de mudança será duradouro se "estimular mudanças na forma de pensar tanto em nível individual como coletivo, consistindo nisto o ciclo de aprendizagem organizacional".[33] Assim, a vantagem competitiva virá como resultado natural do processo de mudança em si e da constância de propósitos.

---

[33] Fischer & Comini, 1996:268.

Capítulo 5

Casos analisados no setor siderúrgico brasileiro

Neste capítulo avaliaremos as principais ações estratégicas e operacionais da área de recursos humanos por ocasião da posse da nova diretoria e da declaração das diretrizes de cada empresa privatizada. Focalizaremos primeiramente o período imediato à transição e em seguida o período de consolidação do comprometimento das pessoas e de renovação dos padrões da cultura organizacional. Entre as ações analisadas no primeiro período, destacamos o alinhamento dos cargos e salários, o apoio às gerências no redesenho dos postos de trabalho, a administração dos processos de desligamento e enxugamento das estruturas, a sustentação de um bom clima organizacional e a continuidade das ações de comunicação interna. No segundo período, concentramo-nos nas condições que se criaram para a plena utilização da competência das pessoas, envolvendo aspectos como treinamento, remuneração, preparação da liderança e alinhamento de crenças e valores, e focalizamos novamente a continuidade da comunicação interna e o monitoramento do clima organizacional.

Procuramos também averiguar como a área de recursos humanos vem contribuindo para as estratégias adotadas pelas empresas, tanto nos casos de reestruturação quanto de crescimento. Por último, veremos como os gestores de outras áreas da empresa contribuíram para o processo de privatização e como eles perceberam a atuação da área de recursos humanos.

A amostra inicialmente pretendida para a realização do estudo das mudanças na área de recursos humanos se constituía de seis empresas do setor siderúrgico instaladas na região Sudeste e que foram privatizadas entre outubro de 1991 e setembro de 1993: Usiminas (MG), Companhia Siderúrgica de Tubarão — CST (ES), Acesita (MG), Companhia Siderúrgica Nacional — CSN (RJ), Companhia Siderúrgica Paulista — Cosipa (SP) e Açominas (MG). Estas eram as mais representativas do setor em termos de porte e valor de venda das ações. Em resposta à solicitação feita a essas seis empresas, obtivemos consentimento para visitar quatro delas: Usiminas, CST, CSN e Cosipa, que serão os casos aqui estudados. Os dados foram coletados em documentos das empresas e em entrevistas com seus executivos utilizando-se um roteiro de questões semi-estruturadas.

Objetivos do estudo

Objetivo geral

Analisar a atuação da área de recursos humanos das companhias siderúrgicas privatizadas nesse período, a fim de melhor compreender o processo de mudança ocorrido nessas empresas.

Objetivos específicos

- Caracterizar a gestão das empresas na fase estatal, focalizando os estilos gerenciais, os valores predominantes, os resultados obtidos em termos de competitividade e a atuação da área de RH.
- Mostrar como as empresas se prepararam para o processo de privatização, destacando as mudanças introduzidas em sua gestão, especialmente no que se refere a enxugamento do efetivo, processo de comunicação interna, ação sindical, administração do clima organizacional e gestão de pessoas.
- Analisar o período pós-privatização, mostrando as principais alterações na estrutura organizacional, na visão, missão e cultura organizacionais, na administração do efetivo e no clima organizacional, bem como a atuação da área de recursos humanos em todo esse processo.
- Apresentar a situação atual do processo de mudança. A análise dos dados foi realizada de forma qualitativa e baseou-se em dois modelos teóricos: o processo de mudança integrado e sustentado, desenvolvido por Rosa Maria Fischer, e o modelo de múltiplos papéis em recursos humanos, proposto por Dave Ulrich.
- Apresentar uma linha de tendência para a gestão empresarial, a administração dos papéis de recursos humanos e a gestão de pessoas.

Escolha do setor siderúrgico

A análise de casos no setor siderúrgico justifica-se pelos seguintes aspectos:

Importância econômica e política

Examinando a lista das 20 maiores empresas do setor de siderurgia e metalurgia elaborada pela revista *Exame*, verificamos que em 1996 elas venderam US$16,012 bilhões e empregavam 85.639 pessoas. Se considerarmos apenas as nove empresas privatizadas naquela década, essas cifras chegam a US$8,725 bilhões e 41.900, respectivamente. Segundo dados do BNDES (1998), à época do leilão, as empresas privatizadas conseguiram levantar R$5,568 bilhões, o que demonstra a importância do setor para a economia brasileira.

Semelhança de produtos e mercados

Por serem todas siderúrgicas, tais empresas fabricam o aço nas suas mais diversas formas e especialidades: tarugos, placas, chapas grossas, bobinas laminadas a quente e a frio, chapas zincadas, aços especiais como o inox, folhas de flandres e cromadas, carboquímicos, galvanizados, fundidos e forjados. Em geral, esses produtos têm as mais diversas aplicações nos seguintes setores: automobilístico, eletrodomésticos, químico, alimentício, naval, máquinas, construção civil, cutelaria, cimento, móveis, metalúrgico e produção de moedas.

Simultaneidade e contemporaneidade das privatizações

A época em que essas empresas foram privatizadas é relativamente recente, em média há 10 anos, o que nos possibilitou conhecer os sistemas concebidos e implantados pela área de recursos humanos e avaliar as diferenças em relação à época anterior à privatização e os resultados obtidos.

As empresas aqui estudadas representam 20% do total das 20 maiores empresas do setor de siderurgia e metalurgia existentes no Brasil, com usinas localizadas em 10 estados da Federação, e 44% do total de empresas siderúrgicas privatizadas na década de 1990.

Cada uma delas possui uma realidade única que só pode ser compreendida dentro de um contexto que integre suas peculiaridades ao seu ambiente interno e externo (quadro 1). Neste último estão os fatores econômicos, políticos e sociais que afetam a organização com maior ou menor freqüência, como por exemplo a privatização. Internamente temos a influência exercida pelas estruturas organizacionais e pelos padrões culturais no modelo de gestão.

Quadro 1
Dimensões da abordagem contextualista

Dimensões	Itens da pesquisa
Contexto externo	❑ Influência da Lei de Privatização nº 8.031, de 12-4-1990, do Decreto nº 724, de 19-1-1993, e demais medidas provisórias na gestão das empresas e, mais especificamente, na gestão da área de RH. ❑ Modelos de gestão em empresas do mesmo ramo privatizadas em outros países, focalizando especialmente a área de RH. ❑ Influências econômicas, políticas e sociais, especialmente no tocante a oportunidades de mercado, autonomia de gestão e atuação sindical.

continua

Dimensões	Itens da pesquisa
Contexto interno	❑ Reformulação da visão, missão, políticas e procedimentos da empresa.
	❑ Estratégias e práticas de gestão adotadas pela empresa antes, durante e após a privatização.
	❑ Percepção do clima organizacional antes, durante e após a privatização.
Conteúdo	❑ Mudanças introduzidas e seu impacto no sistema de administração de RH.
	❑ Pesquisas externas feitas pela área de RH, visando modernizar o seu sistema de gestão.
	❑ Influências da privatização na consolidação das mudanças e papel dos gestores como principais agentes de fomento das relações do trabalho e vantagem competitiva para a empresa.
Processo	❑ Relacionamento da área de RH com os seus clientes internos.
	❑ Interfaces da área de RH com outros programas internos.
	❑ A área de RH como negociadora junto aos sindicatos patronal e profissional.

O setor siderúrgico no Brasil

Antes de passar ao relato dos casos, vejamos os principais marcos históricos do setor siderúrgico em âmbito mundial, destacando especialmente a produção de aço no Brasil.

O desenvolvimento e a expansão do capitalismo mundial se confundem com o próprio desenvolvimento da indústria siderúrgica. O aço é um insumo que está presente em inúmeros produtos de consumo final. De acordo com Morandi,[34] até os anos 1950 a produção siderúrgica foi muito instável, mas ganhou impulso a partir desse período, que coincide com a fase de reconstrução do pós-guerra e a industrialização crescente. A partir de 1974, o mercado se estabiliza, voltando a crescer na segunda metade da década de 1980. Isso beneficiou algumas regiões em detrimento de outras. Por exemplo, entre as décadas de 1950 e 1990, o Japão aumentou a sua produção de 4,8Mt para 110,4Mt, ou seja, 14,3% da produção mundial. Nesse mesmo período, os Estados Unidos tiveram sua participação na produção mundial reduzida de 48% para apenas 11,6%, enquanto a Comunidade Econômica Européia, que era o segundo produtor mundial, com 27,4%, passou a produzir 18% aproximadamente. Já alguns países em desenvolvimento da América Latina e a Ásia, principalmente, aumentaram a sua produção de 21,9Mt em 1970 para 115,1Mt em 1993, ou seja, 16% da produção mundial.

Aproveitando a crescente industrialização dos anos 1950 e 1960, o setor siderúrgico investiu na ampliação das usinas, mas nas últimas três décadas tem enfrentado alguns obstáculos, como crise energética, elevação dos preços de maté-

---

[34] Morandi, 1997:41-51.

Casos analisados no setor siderúrgico brasileiro   53

rias-primas básicas e forte retração de demanda. Assim, a partir da década de 1980, o setor tratou de diferenciar seus produtos, melhorar a qualidade e produzir em lotes menores. Na década de 1990, dada a maior preocupação com a preservação do meio ambiente e com o cliente, todo o esforço do setor se voltou para o desenvolvimento de novas tecnologias de produtos.

No Brasil, segundo Paula,[35] a primeira corrida de gusa em alto forno deu-se em 1814. Em 1876 foi criada a Escola de Minas de Ouro Preto, que formou os primeiros metalurgistas brasileiros e contribuiu para a introdução de novas técnicas nesse ramo de atividade então incipiente. De 1924 a 1946, a produção nacional aumentou de 4,5Mt para 342Mt. No final dos anos 1940, a CSN, por representar um conjunto industrial integrado, abrangendo desde a extração, beneficiamento e transporte de minérios, fundentes e carvão até a produção de aço, representou um marco na história da siderurgia brasileira. Nos anos 1950, início da produção doméstica de automóveis, entraram em operação a Acesita e a Mannesmann. Na década seguinte, surgiram a Usiminas e a Cosipa, gerando um excesso de capacidade produtiva no setor, devido à retração do mercado verificada entre 1963 e 1967. De 1968 a 1973, a economia brasileira apresentou altíssimas taxas de crescimento, trajetória que foi interrompida pelas sucessivas crises do petróleo, o que todavia não impediu que os investimentos no setor, principalmente na modernização das estatais, chegassem a US$3 bilhões em 1979.

Uma característica da siderurgia brasileira àquela época é que se criava uma empresa, às vezes com capital privado ou com recursos de governos estaduais, geria-se o empreendimento até torná-lo irreversível e, uma vez exauridos os recursos, passava-se a responsabilidade ao governo federal. No entanto, não se pode negar o importante papel do Estado na formação de *joint-ventures* com o capital estrangeiro (incluindo a transferência tecnológica) e nos vultosos investimentos realizados, especialmente em regiões de pouca atratividade para a iniciativa privada, sem falar na agilização dos canais de exportação.

A década de 1980 foi de altos e baixos para o setor. De 1981 a 1983, houve uma retração no consumo, que tornou a crescer entre 1984 a 1987. Em seguida, verificou-se uma nova desaceleração entre 1988 e 1990, época em que entraram em operação a CST e a Açominas. Diferentemente da crise anterior, esta afetou o nível de empregos: 42 mil metalúrgicos foram demitidos, e o efetivo do setor voltou aos níveis do início da década (132 mil).

A *holding* siderúrgica Siderbrás, criada em 1974, foi extinta em março de 1990, e o que se observou ao longo desse período foi um relacionamento difícil com as três grandes estatais e os governos regionais. Isso porque essas empresas, que operavam há mais ou menos 11 anos e já tinham uma cultura empresarial bastante diversa, não viam com bons olhos as determinações recebidas nem as indicações de gestores. Por outro lado, os governos regionais tinham interesses

---

[35] Paula, 1992.

políticos que se opunham aos interesses da Siderbrás. Segundo Paula, "a Siderbrás transformou-se em uma administradora de crises e, em passado recente, passou a centralizar a gestão de caixa de curto prazo das empresas, canalizando excedentes das empresas superavitárias para as deficitárias".[36]

A privatização, intensificada na década de 1990 no Brasil, já vinha ocorrendo em outros países desde a década de 1970, privilegiando a redução de custos e a melhoria da qualidade dos produtos. Segundo Morandi, a privatização do setor siderúrgico brasileiro pode ser explicada a partir de três fatores básicos: "a perda do caráter estratégico do aço como insumo básico do complexo metal-mecânico (material bélico, inclusive); a necessidade de se livrar de uma fonte consumidora de recursos escassos do orçamento governamental, no caso de empresas deficitárias; e a maior facilidade da alienação de siderúrgicas, em comparação com as empresas de serviços públicos, em face dos problemas de regulamentação de monopólios".[37]

Análise dos casos

A seguir apresentamos os casos das empresas CSN, Usiminas, Cosipa e CST, que foram visitadas nos meses de novembro e dezembro de 1998. Procuramos relatar as mudanças introduzidas pelo processo de privatização focalizando especialmente a gestão dos recursos humanos, forte aliada na busca de competitividade, produtividade, qualidade e redução de custos. Os dados de identificação das empresas constam do quadro 2.

Quadro 2
Identificação das empresas

	CSN	Usiminas	Cosipa	CST
Localização	Sede: capital (RJ) Usina: Volta Redonda	Sede: capital (MG) Usina: Ipatinga	Sede: capital (SP) Usina: Cubatão	Sede e usina: Serra (ES)
Área ocupada	9.900.000m²	11.250.000m²	4.100.000m²	13.752.000m²
Faturamento (1997)	R$2,366 bilhões	R$2,3 bilhões	R$1,626 bilhão	R$1 bilhão
Produção em toneladas de aço líquido (1997)	4,9 milhões	4,1 milhões	3,9 milhões	3,7 milhões
Efetivo próprio (1998)	10.200	8.511	7.050	3.450

[36] Paula, 1992:90.
[37] Morandi, 1997:87-8.

Localização e área ocupada

Na escolha da localização de uma usina siderúrgica devem-se considerar alguns aspectos de ordem técnica, a saber: geração e consumo de energia elétrica, geração e reciclagem de resíduos, emissão de partículas na atmosfera e, principalmente, abundância de recursos hídricos.

As características da operação e dos equipamentos manipulados pelas empresas exigem um espaço de grandes dimensões. Considerando-se apenas a localização atual, a CST é a única que tem espaço para crescer, pois ocupa aproximadamente metade de sua área total. Já a CSN, a Usiminas e a Cosipa têm sua expansão limitada pelas próprias cidades que as cercam.

Faturamento

Nas quatro empresas, o faturamento tem sido crescente após a privatização. Em 1997, a CSN e Usiminas tiveram o maior lucro líquido de sua história: R$450 milhões e R$363,4 milhões, respectivamente. Nesse mesmo ano, a Cosipa registrou um lucro operacional de R$141,2 milhões, mas teve um prejuízo líquido de R$122 milhões, devido a vultosos investimentos em tecnologia e pagamento de impostos atrasados. A CST, que até a data da privatização acumulava um prejuízo de mais de R$1 bilhão, apresentou em 1997 um lucro líquido acumulado de R$893 milhões.

Produção

Desde a privatização, todas as quatro empresas implantaram diversos projetos de investimentos, o que lhes permitiu aumentar sua capacidade nominal de produção. Por ora, a CST é a única que não realiza a laminação de acabamento no aço, vendendo as placas para o mercado exterior. Portanto, não compete no mercado com um produto de alto valor agregado, como o fazem, por exemplo, a CSN, com a folha de flandres para embalagens da indústria alimentícia, e a Usiminas e a Cosipa, com produtos e serviços diferenciados para a indústria automobilística.

Efetivo próprio

Todas as empresas promoveram substancial redução no seu quadro de funcionários após a privatização. Tomando por base 1991, ano em que foi privatizada a primeira empresa do setor siderúrgico, a Usiminas, construímos a tabela 1.

Tabela 1
Efetivo próprio das empresas

	1991	1998	Diferença (%)
CSN	23.400	10.200	- 129,4
Usiminas	12.480	8.511	- 46,3
Cosipa	14.049	7.050	- 99,2
CST	5.863	3.450	- 69,9

Novo controlador? Práticas adotadas na gestão de pessoas

Como se pode ver, a CSN foi a que promoveu a maior redução do efetivo desde a época em que era estatal, vindo em seguida a Cosipa, a CST e a Usiminas.

Gestão das empresas na fase estatal

A análise da gestão das empresas na fase estatal permite traçar a evolução dos aspectos técnicos, comerciais e humanos. O quadro 3 resume as características da gestão nessa fase.

Quadro 3
Gestão na fase estatal

	CSN	Usiminas	Cosipa	CST
Influência do órgão controlador	Elevada	Reduzida	Elevada	Elevada
Estilo de liderança e clima organizacional	Centralizador, burocrático e paternalista. Clima de expectativa, devido à dificuldade financeira da época.	Participativo, burocrático e paternalista. Clima bom, com intenso envolvimento das pessoas.	Centralizador e burocrático. Clima ruim: apreensão e baixa auto-estima.	Centralizador e burocrático. Clima de desconfiança entre os gestores e muitos boatos.
Cultura organizacional	Orgulho pelo trabalho com qualidade, pouca preocupação com o processo e forte ênfase na amizade.	Ênfase nos valores da disciplina e respeito pelo funcionário.	Orgulho pelo trabalho técnico e pouca preocupação com o processo.	Orgulho pelo trabalho técnico e pouca preocupação com o processo.
Competitividade	Pouca ênfase no lucro, nos custos e na tecnologia.	Boa lucratividade, ação comercial e tecnologia atualizada.	Pouca ênfase no lucro, nos custos e na tecnologia.	Pouca ênfase no lucro e nos custos; tecnologia atualizada.
Relacionamento com a comunidade	Intenso	Intenso	Fraco	Fraco
Ação sindical	Intensa	Fraca	Intensa	Intensa
Atuação de RH	Em transição do operacional para o estratégico; paternalista e com pouca autonomia para negociar com o sindicato.	Estratégico, paternalista e atuando de forma descentralizada.	Operacional, sem propor mudanças, devido à forte influência política e às constantes mudanças na direção.	Em transição do operacional para o estratégico, necessitando melhorar determinadas políticas e a informatização.

Influência do órgão controlador

Na fase estatal, a gestão de todas as empresas esteve sob a influência da Siderbrás. No caso da Usiminas, essa influência foi menor, talvez pelo fato de a empresa estar numa região não muito cobiçada politicamente. Na verdade, não havia competitividade entre as siderúrgicas, pois a Siderbrás controlava o mercado e definia o *mix* de produção, os preços, os investimentos em tecnologia e o quadro de funcionários, além de nomear os administradores. Militares e políticos tiveram grande influência na CSN, na Cosipa e na CST.

Estilo de liderança e clima organizacional

Devido aos controles governamentais, a burocracia era muito forte em todas as quatro empresas. Basta dizer que qualquer viagem de um funcionário ao exterior necessitava de aprovação do ministro da Indústria e Comércio. Todas elas tinham um estilo centralizador de gestão, exceto a Usiminas, que desde o início adotou o processo decisório participativo. Esse estilo centralizador impedia que as lideranças aproveitassem as idéias geradas na base para promover o aprimoramento contínuo da organização e do ambiente de trabalho. Quando mudava o governo, os dirigentes eram trocados e faziam novas contratações, inchando a estrutura organizacional. Nas quatro empresas, a liderança era exercida cobrando-se do pessoal tarefas e produção, porém, na CSN e na Usiminas, era acentuadamente paternalista. A Cosipa e a Usiminas adotavam a administração por objetivos como modelo de gestão, mas com uma diferença: enquanto na Cosipa a condução era *top-down* e gerava muita insatisfação, na Usiminas era *bottom-up*, pois se realizavam diversas reuniões para estabelecer os objetivos. Segundo Lupton, para obter melhores resultados é preciso contar com o envolvimento e a participação dos empregados.[38]

O clima organizacional era diferente em cada empresa: na CSN, o clima era de insegurança porque a empresa passava por dificuldades financeiras e estava prestes a fechar. Na Usiminas, o clima era bom, e as metas de planejamento eram estabelecidas em conjunto com o pessoal. Na Cosipa, o clima era ruim, a tal ponto que, de 1986 a 1993, houve sete diretorias diferentes. Na CST, os primeiros sócios da empresa não se entendiam, havia muitos controles, e o pessoal estava insatisfeito com a remuneração. Além disso, o quadro estava inchado, existiam muitas funções duplicadas e o ambiente era propício à difusão de boatos.

Cultura organizacional

Em todas as quatro empresas, o orgulho pelo trabalho técnico executado com perfeição era uma constante, parecendo mesmo consistir num pressuposto da cultura das siderúrgicas.

---

[38] Lupton, 1991.

Na Usiminas, exigia-se do funcionário competência técnica, mas sobretudo disciplina. A associação inicial com os japoneses provavelmente levou a empresa a incorporar esse valor em sua cultura.

Na CSN, os preceitos de qualidade foram introduzidos ainda na década de 1970 e se tornaram um ponto forte de sua cultura, mas nessa época também era comum as pessoas se valerem das relações de amizade para crescer na organização.

A Cosipa, a partir de 1986, perdeu sua identidade: seus valores se desgastaram devido às constantes mudanças ocorridas na alta administração, mas o orgulho pelo desempenho técnico ainda se manteve.

Na CST, o trabalho técnico e a tecnologia sempre tiveram lugar de destaque. À época, a direção estava fragmentada e havia dificuldades para transmitir valores homogêneos ao pessoal.

Competitividade

Como o mercado era regulado, havia pouca preocupação com o custo e o lucro, comportamento incompatível com a necessidade de criar competências essenciais que levem a empresa a um crescimento diferenciado e sustentado.

Nesse quadro, a Usiminas era exceção: em sua história, raramente apresentou resultados negativos. Tinha baixo custo operacional, alto índice de produtividade, boa atualização tecnológica e boa imagem perante a sociedade e o mercado externo.

A CSN e a Cosipa, talvez por influência dos órgãos governamentais da época, não tinham preocupação com custos nem com lucro. Basta dizer que, nos cinco anos anteriores à privatização, a CSN consumiu bilhões de dólares do governo para recuperar-se financeiramente, pois estava tecnicamente falida. Nessas duas empresas, a atualização tecnológica ficou prejudicada. A CSN, por exemplo, nos últimos sete anos como estatal, não recebeu nenhum investimento, a ponto de comprometer até a manutenção dos equipamentos. Em ambas observou-se uma forte recuperação tecnológica após a privatização.

A CST também carecia de enfatizar o custo e o lucro em sua gestão, mas, por ser mais jovem, contava com equipamentos mais atualizados e uma tecnologia de ponta.

Relacionamento com a comunidade

Para duas das empresas, o convívio com os problemas da comunidade foi marcante. Tanto a CSN quanto a Usiminas foram precursoras do desenvolvimento das cidades em que estavam sediadas: construíram casas, hospitais, escolas, cinema, teatro, hotéis, clubes e cooperativas de consumo. A Usiminas construiu e administra até hoje um aeroporto. Para o poder público dos dois municípios, emprestaram funcionários e subvencionaram investimentos e as despesas de custeio. Isso porque o governo federal, como principal acionista dessas empresas, acabou transferindo para elas a sua responsabilidade. Embora as empresas aleguem que essas ações induziram as comunidades ao paternalismo, nossa concordância nesse aspecto é parcial. Para os munícipes não importava quem fosse o executor das obras sociais, desde que os resultados aparecessem. Mas concordamos que os poderes municipais e estaduais talvez se acomodaram à situação, deixando a cargo das empresas o encaminhamento das soluções.

Já na Cosipa e na CST não se observou esse tipo de relacionamento e interdependência entre a comunidade e a empresa.

Ação sindical

A ação sindical então predominante era intensa e combativa; por outro lado, a diretoria das empresas não tinha autonomia para negociar, o que freqüentemente levava os trabalhadores a entrarem em greve.

No caso da CSN, por ser Volta Redonda considerada área de segurança nacional, três trabalhadores morreram em confronto com o Exército em 1988.

Na CST e na Cosipa, durante a fase estatal, também ocorreram greves e ocupação das usinas com violência. O empregado aderia facilmente às greves porque os políticos intercediam junto à direção das empresas para impedir que a área de recursos humanos procedesse ao desconto dos dias de paralisação. Quando se encaminhava a decisão para a Justiça, os tribunais concediam reajustes considerados abusivos pelas empresas.

Já na Usiminas, pelo menos até a data do levantamento dos dados para esta pesquisa, nunca houve greve.

Atuação de recursos humanos

O acesso aos serviços da área de RH era dificultado pela burocracia — em parte gerada internamente pelo modelo de gestão vigente, em parte proveniente dos órgãos de controle do governo, que demoravam a aprovar novos projetos.

Na Cosipa, a área de RH contava com 130 funcionários e sua atuação era estritamente operacional, uma vez que instabilidade na direção da empresa impedia uma atuação mais estratégica. Portanto, havia dificuldades para vincular as práticas de recursos humanos à estratégia empresarial.

Na CST e na CSN, durante a fase estatal, a área de RH estava em transição do operacional para o estratégico. Na CST, essa área contava com 162 funcionários e, embora fosse competente para diagnosticar os problemas internos de pessoal, não tinha autonomia para implantar as mudanças necessárias. Por outro lado, sua estrutura era muito subdividida, dificultando a integração e a modernização dos processos sob sua responsabilidade.

Na CSN, a burocracia e a interferência política do passado impediam a continuidade das ações da administração, afetando também a gestão da área de RH. Esta contava então com aproximadamente 250 funcionários e era dividida: havia um administrador para a sede e outro para a usina. O trabalho de gerenciar o relacionamento com a comunidade consumia tempo, não havia respaldo da direção para a administração de movimentos grevistas, e os profissionais da área assumiam responsabilidades inerentes ao papel da liderança, como por exemplo as demissões, que eram realizadas pelo departamento de pessoal.

Na Usiminas, a área de RH, que então contava com 600 funcionários, estava igualmente dividida — um administrador para a sede e outro para a usina —, mas se envolvia intensamente com as questões da comunidade. Cabia-lhe, entre outras atividades, prestar apoio à gestão participativa e ao trabalho em equipe, oferecendo treinamento.

Fase de preparação para a privatização

Processo de mudança

O quadro 4 resume as principais características do processo nessa fase.

Quadro 4

Processo de mudança na preparação para a privatização

	CSN	Usiminas	Cosipa	CST
Duração da fase estatal	52 anos	45 anos	30 anos	16 anos
Tempo de preparação para a privatização	2 anos	1,5 ano	2 anos	2 anos
Enxugamento do efetivo	Expressivo e traumático, sem PDI.	Insignificante e sem traumas.	Não ocorreu.	Expressivo e traumático, com PDI.
Comunicação interna	Razoável	Excelente	Deficiente	Deficiente
Ação sindical	Até 1991: oposição. A partir de 1992: colaboração.	Colaboração	Oposição, mas sem provocar paralisações.	Oposição, com ações de convencimento do pessoal.
Clima organizacional	De razoável para ruim	De bom para razoável	Ruim	Ruim
Atuação dos gestores	Centralizada na alta administração; proteção do pessoal nos níveis gerenciais intermediários.	Centralizada na alta administração.	Centralizada no interventor; os gerentes ficaram à margem do processo.	Centralizada na alta administração; contratação de consultorias.
Reação da comunidade	Os desligamentos afetaram as vendas do comércio local de Volta Redonda.	Receio de que o patrimônio público fosse dilapidado pela iniciativa privada.	Irrelevante	Irrelevante

Duração da fase estatal

Teoricamente, quanto mais tempo as pessoas vivenciam uma realidade, maiores são as chances de se fortalecerem os padrões da cultura organizacional, ou seja, os funcionários passam a compartilhar crenças, pressupostos e normas.

Na CSN, cuja fase como estatal foi a mais longa, passados quase seis anos desde a privatização, alguns ainda crêem ser possível a empresa voltar a ser estatal, pois os novos valores demoraram a ser implantados.

Na Usiminas, embora a fase como estatal tenha sido igualmente longa, não se observou o mesmo problema. A presidência da empresa preservou muito de seus valores na privatização.

A Cosipa, que entre 1986 e 1993 perdeu sua identidade devido à troca constante de seus dirigentes, nos últimos cinco anos vem procurando reconstruir os seus valores.

A CST, que não chegou a completar 10 anos como estatal, considerando apenas o tempo de operação, vinha de um processo desgastante de conflitos na gestão. Como a nova administração se mostra empenhada em criar um ótimo ambiente de trabalho, o pessoal está apoiando a incorporação dos novos valores.

Tempo de preparação para a privatização

Esse tempo foi praticamente o mesmo para as quatro empresas, e cada administração o utilizou conforme suas prioridades na época. A CSN cortou gastos e recuperou-se financeiramente. A Usiminas consolidou o seu modelo de administração compartilhada. A Cosipa apaziguou os conflitos internos. A CST tomou a dianteira e contratou uma empresa de consultoria para analisar seus processos e sua estrutura.

Redução do efetivo

De 1991 a 1993, a CSN desligou 6 mil pessoas, principalmente por aposentadoria. Inicialmente concedeu-se licença remunerada de seis meses a 3 mil empregados; finda a licença, começaram os desligamentos. A empresa pagou como indenização os direitos de lei e, para os aposentados, os 40% de multa sobre o FGTS. O clima ficou tenso, procurou-se neutralizar os apadrinhamentos, e o trauma gerado foi aos poucos dando lugar à consciência de que ou a empresa promovia essa reestruturação, para salvar 70-80% de seu contingente, ou se encaminhava para o fechamento. Para essa tarefa não se contrataram consultores nem se ofereceu um programa de requalificação para o mercado de trabalho. Boa parte dos funcionários desligados permaneceu na empresa em regime de terceirização.

Na Usiminas, o enxugamento foi insignificante nessa fase. Já na Cosipa, não ocorreu nenhuma demissão; pelo contrário, houve até admissões nessa fase.

Na CST, concluído o trabalho da consultoria, implantou-se um programa de demissão incentivada (PDI). A empresa concedeu um salário por ano trabalhado, garantiu seis meses de assistência médica e odontológica e desligou 1.800 empregados de um total aproximado de 6.500. A direção estimou que em oito meses obteria o retorno sobre as indenizações pagas.

Comunicação interna

A comunicação do processo de mudança não logrou o êxito esperado na maioria dos casos, uma vez que as empresas não se empenharam em divulgar aos funcionários a visão de futuro e a missão da organização.

Na Cosipa, os empregados acreditavam que a privatização seria boa para a empresa, mas tinham dúvidas se também seria boa para eles. Como não recebiam informações detalhadas, equivocavam-se ao imaginar que as transformações ocorreriam rapidamente.

Na CST, as pessoas não sabiam se os empregos seriam preservados, tampouco recebiam *feedback* sobre o trabalho realizado pelos consultores nessa fase, o que dava margem a boatos.

Na CSN, a comunicação interna foi pouco explorada, tanto no caso dos funcionários como dos próprios gerentes. Como o ajuste no quadro de pessoal foi então apresentado como suficiente, todos passaram a imaginar que ninguém mais seria demitido.

Na Usiminas, promoveram-se várias reuniões com gerentes, operadores, sindicalistas, órgãos de representação da sociedade local e imprensa, para esclarecer como o processo de privatização seria conduzido.

Ação sindical

A princípio houve uma mobilização dos sindicatos contra o processo de privatização. Posteriormente, devido a certas iniciativas da gestão das empresas ou à mudança da linha ideológica de alguns sindicatos, a privatização passou a ser apoiada em metade das siderúrgicas. Se por um lado os sindicatos devem ser ouvidos no processo de privatização, por outro lado as empresas assumem uma posição pouco flexível que não contribui para o entendimento entre as partes.

Na CSN, de 1986 a 1991, uma linha sindical da CUT se opôs à privatização. Em 1990, a empresa enfrentou uma greve que durou 31 dias. Pela primeira vez a administração teve autonomia para lidar com a greve. Houve descontos nos salários e os empregados começaram a perceber as mudanças. Deu-se então uma mudança na linha ideológica do sindicato: nas eleições sindicais de 1992, venceu uma linha mais moderada, ligada à Força Sindical. Com isso a empresa pôde mostrar ao sindicato que a privatização era o melhor caminho para ela.

Na Usiminas, o sindicato local apoiou o processo de privatização, graças ao trabalho de convencimento realizado pela administração. Já na Cosipa, o sindicato se manteve contra o processo de privatização, mas nesse período não promoveu nenhuma paralisação do trabalho. Na CST, o sindicato fez de tudo para convencer os empregados dos malefícios da privatização.

Clima organizacional

Antes da privatização, a CSN, mesmo tendo inicialmente problemas com a comunicação, realizou duas pesquisas de clima organizacional com o apoio de consultoria. Nelas se constatou que as pessoas sabiam que existia duplicação de funções, mas o medo das demissões impedia a aceitação automática do processo.

Na Usiminas, apesar do esforço da direção para transmitir segurança ao corpo de funcionários, o processo de privatização causou muita apreensão. Já na Cosipa e na CST, o clima era ruim devido à baixa auto-estima e à desorientação quanto ao futuro.

Atuação dos gestores

Nas quatro empresas, a condução da fase de preparação ficou restrita à figura do presidente ou, como ocorreu na Cosipa, do interventor.

Na CSN, os gerentes procuraram dar proteção ao pessoal por ocasião dos desligamentos. Até então a empresa se preocupava em desenvolver o seu quadro técnico, deixando em segundo plano o treinamento das habilidades gerenciais. Na Cosipa, os gestores ficaram sem ação e intimidados, transmitindo insegurança ainda maior aos subordinados. Na CST, os gerentes se viram paralisados diante da atuação das consultorias. Na Usiminas, o presidente solicitou apoio dos gerentes para impedir a descontinuidade operacional.

Reação da comunidade

No que se refere à Cosipa e à CST, a privatização não provocou nenhuma reação significativa da comunidade. Já no caso da Usiminas, a primeira a ser privatizada, as correntes contrárias eram muito fortes e não entendiam por que o governo decidira iniciar o processo escolhendo uma empresa lucrativa. Havia o receio de que os novos donos dilapidassem o patrimônio público. No caso da CSN, que efetuou um número significativo de desligamentos, observou-se uma diminuição nas vendas no comércio local.

Atuação da área de recursos humanos

O quadro 5 resume as mudanças ocorridas na atuação da área de RH.

Quadro 5
Atuação de RH na fase de preparação para a privatização

	CSN	Usiminas	Cosipa	CST
Apoio ao *benchmarking*	Sim	Não, porque foi a pioneira.	Não	Sim
Apoio à redução do efetivo	Sim	Sim	Não houve redução do efetivo.	Sim
Apoio à criação do clube de investimentos	Sim	Sim	Sim	Sim
Apoio à comunicação e ao monitoramento do clima	Sim	Sim	Sim, mas sem êxito.	Sim, mas sem êxito.
Apoio às ações sindicais	Sim	Sim, mas a área não foi solicitada.	Sim, mas a área não foi solicitada.	Sim, mas a área enfrentou dificuldades.
Projetos e rotinas administrativas	Sem interrupção	Sem interrupção	Projetos interrompidos	Projetos interrompidos

Apoio ao *benchmarking*

Em nenhumas das empresas a área de RH realizou um projeto específico de *benchmarking* para estruturar o processo de privatização. Em algumas delas, porém, isso foi feito em reuniões habituais dos profissionais de recursos humanos.

Na CSN e na CST, já se praticava o *benchmarking* das políticas e práticas de recursos humanos bem antes da privatização. Existe no Instituto Brasileiro de Siderurgia um grupo de RH que se reúne a cada dois meses para trocar todo tipo de informação.

Na Usiminas, pelo fato de ter sido a primeira, não havia referência anterior: a transição representava uma incerteza, mas também um novo desafio. Já na Cosipa, a direção não fez nenhuma solicitação à área de RH nesse sentido.

Apoio à redução do efetivo

Na CSN e na Usiminas, a área de RH se concentrou na obtenção da adesão dos aposentados, na realização de cálculos e no encaminhamento dos processos ao INSS e às fundações dos empregados.

Na CST, a área de RH participou na elaboração do PDI, estimou o prazo em que as demissões estariam pagas, recebeu as adesões, efetuou cálculos e, como de costume, cuidou de toda a documentação legal. Já a Cosipa só começou a reduzir o quadro de pessoal após a privatização.

Apoio à criação do clube de investimentos

Em todas as quatro empresas, a área de RH prestou apoio à criação do clube de investimentos dos empregados.

Na CST, a fundação comprou 12% das ações e as financiou aos empregados com 30% de desconto em relação aos valores de mercado, obtendo a adesão de 99% dos funcionários.

Na Cosipa, como a área de RH não havia estudado o processo de mudança, todo o seu esforço foi canalizado para a criação do clube de investimentos dos empregados, que acabou adquirindo pouco mais que 5% das ações.

Na Usiminas, a área de RH participou no desenho do clube. A empresa subsidiou a compra das ações concedendo, em média, 5% de aumento aos empregados, visto que eles teriam um custo mensal de 4% com o financiamento em 10 anos da compra das ações ordinárias. A única regra era que, durante o financiamento, o empregado só poderia vender suas ações ao fundo de pensão dos empregados.

Na CSN, a área de RH apoiou os empregados na aquisição de 7% do capital da empresa em ações. Atualmente, a Associação Brasileira de Mercado de Capitais promove uma sessão trimestral para esclarecer aos funcionários o posicionamento das ações da empresa no mercado.

Apoio à comunicação e ao monitoramento do clima organizacional

Na Usiminas, a área de RH prestou apoio à presidência em todos os trabalhos de comunicação interna e encarregou-se do monitoramento informal do clima. Na CSN, o trabalho de comunicação gerou mal-entendidos, mas o monitoramento do clima foi conduzido por pesquisa estruturada. Já na CST e na Cosipa, a área de RH tentou sem êxito cumprir esse papel, devido à conjuntura da gestão das empresas.

Apoio às ações sindicais

A área de RH da CSN atuou diretamente na greve de 31 dias em 1990 e pela primeira vez pôde promover descontos nos vencimentos por causa da paralisação. Tal medida foi importante para mudar a mentalidade do empregado, que percebeu uma nova postura da empresa.

Na Usiminas e na Cosipa, a área de RH acompanhou o comportamento do sindicato, mas não foi solicitada a atuar.

Na CST, a área de RH enfrentou dificuldades, por três motivos: o modelo de gestão vigente ainda provocava conflitos de interesse entre os sócios; as pessoas, principalmente nas áreas administrativas, ocupavam-se com tarefas sem importância, apenas para preencher o tempo; a área não conseguia esclarecer as pessoas sobre o andamento da privatização, e o sindicato aproveitava a fragilidade do clima organizacional para pregar contra o processo.

Projetos e rotinas administrativas

Nas quatro empresas, a legislação sobre privatização não exigiu ações especiais em relação ao registro dos empregados. Algumas rotinas administrativas já estavam então informatizadas, porém, dentro de uma mesma empresa, trabalhava-se com sistemas diferentes, devido à atuação descentralizada da área de RH.

Na CSN e na Usiminas, os projetos em curso continuaram normalmente, mas a descentralização da área de RH acarretava duplicação de tarefas e uso de *softwares* diferentes. Já na Cosipa e na CST, a área de RH teve que interromper os principais projetos. Além disso, muitas das rotinas administrativas eram executadas manualmente.

Análise geral da fase estatal

Embora todas as siderúrgicas aqui estudadas contassem nessa fase com pessoas competentes, muitas vezes elas não conseguiam melhor desempenho devido à burocracia governamental e à ausência de foco na gestão. Por outro lado, os investimentos do governo no setor siderúrgico foram expressivos e possibilitaram fomentar o desenvolvimento industrial em algumas regiões do Brasil. Nem todos os problemas das empresas eram decorrentes do fato de serem estatais, mas um deles certamente tinha essa origem: a pouca preocupação com o lucro e o custo e com os processos internos. Como algumas empresas perderam mercado e tiveram maior necessidade de apoio financeiro, naturalmente esse modelo se encaminhou para o esgotamento e a privatização ganhou força.

Na fase de preparação para a privatização, a Usiminas era a única das quatro empresas que apresentava lucro. As demais, com prejuízos acumulados, procuraram conscientizar seus empregados de que privatizar seria então a melhor solução. Porém, os empregados até podiam deixar-se convencer de que isso era realmente melhor para a empresa, mas não para eles, nem mesmo na Usiminas, que investira intensamente na comunicação interna. Afinal, havia o medo das demissões, que já se sabia seriam numerosas. Com exceção da Cosipa, que não demitiu nessa fase, as demais iniciaram o ajuste do quadro de pessoal pelo desligamento dos aposentados e dos que aderiram ao plano de demissão incentivada. Na maioria delas, o processo foi traumático: empregados que sempre haviam sido leais à empresa teriam agora que recomeçar uma nova vida.

A privatização submeteu as empresas e as pessoas — tanto as que foram desligadas como as que permaneceram — às regras de mercado, em que prevalece a competitividade. Para que a maioria pudesse permanecer empregada, as empresas sacrificaram uma parcela dos funcionários. Pelas leis de mercado, o indivíduo desempregado pode ter sua situação normalizada novamente, graças à sua capacidade de inserir-se nesse mesmo mercado, seja como empregado ou empreendedor.

No entanto, em nenhuma das empresas a área de RH empreendeu qualquer projeto de apoio ao funcionário desligado, ou seja, não lhe deu nenhuma orientação sobre como avaliar novas oportunidades, retornar ao mercado de trabalho, criar um negócio próprio etc.

Os sindicatos, metade dos quais era contrária ao processo de privatização, mesmo sendo fortes na fase estatal, não conseguiram impedir o aumento das demissões. Além disso, o clima organizacional não era bom nem mesmo nas empresas que obtiveram apoio do sindicato para a privatização.

Uma das características predominantes nas áreas de RH nessa fase era o fato de atuarem de forma mais operacional do que estratégica, contando com estruturas pesadas, como, aliás, a maioria das demais áreas das empresas.

Pós-privatização

Processo de mudança

O quadro 6 resume as principais características do processo nessa fase.

Quadro 6
Processo de mudança na pós-privatização

	CSN	Usiminas	Cosipa	CST
Nova estrutura organizacional	Privatizada em abril de 1993. Mudou a estrutura em 1995.	Privatizada em outubro de 1991. A diretoria foi mantida, efetuando-se alterações nos níveis gerenciais.	Privatizada em agosto de 1993. A diretoria foi logo mudada, dando-se inicialmente um voto de confiança aos gerentes.	Privatizada em julho de 1992. Alterações imediatas na diretoria e no corpo gerencial, por critérios objetivos.
Continuidade do enxugamento do efetivo	Principalmente por aposentadoria; o primeiro nível de executivos foi renovado.	Mais de 90% foram desligados por aposentadoria; nunca houve demissão em massa.	Quatro PDIs.	Demissão em massa concluída em setembro de 1992.
Monitoramento do clima organizacional	O clima é bom e vem sendo monitorado com o apoio da consultoria.	O clima é bom e vem sendo monitorado informalmente pela própria empresa.	O clima continua tenso, apesar dos esforços de comunicação da direção.	O clima é bom e vem sendo monitorado com o apoio da consultoria.
Visão, missão e cultura	A renovação só teve início dois anos após a privatização.	A renovação foi imediata.	Os novos valores estiveram inicialmente vinculados aos esforços para obter a ISO 9001.	Introdução de novos valores a partir da redefinição da visão e missão.
Atuação dos gestores	O modelo de gestão estatal só foi mudado a partir de 1995.	Introdução do modelo de administração compartilhada.	Administração de prioridades: produtividade, acidentes, mercado, sindicato, qualidade.	Administração da mudança, com ênfase no produto, no mercado, na autonomia de decisão, nos custos e nas pessoas.

Nova estrutura organizacional

Na CSN, de abril de 1993 a 1995, a única alteração ocorreu na diretoria, com a nomeação de um representante do Bamerindus para a presidência do conselho de administração. Com base em estudos da McKinsey, adotou-se em 1995 uma estrutura colegiada, sem a figura de um presidente executivo. Quatro diretores superintendentes prestam contas ao conselho de administração.

Na Usiminas, a diretoria permaneceu a mesma, porém gradativamente a empresa foi reduzindo seu número de gerentes, principalmente na sede, em Belo Horizonte.

Na Cosipa, as mudanças na estrutura ocorreram na diretoria. De imediato, a controladora Usiminas nomeou todos os diretores, exceto o financeiro, que foi indicado pelo Banco Bozzano Simonsen. Em 1998, fizeram-se novas alterações: o diretor industrial foi promovido à presidência, o presidente retornou à Usiminas e o diretor financeiro acumulou o cargo de diretor comercial.

Na CST, a Companhia Vale do Rio Doce indicou o vice-presidente executivo, e este manteve no cargo o diretor financeiro. Os outros postos na diretoria foram preenchidos com pessoal interno, após entrevistas com os novos sócios. Todos os gerentes foram destituídos no primeiro mês, mas alguns foram convidados a permanecer como especialistas e outros a aderir ao PDI.

A tabela 2 mostra a redução do número de gerentes nas quatro empresas.

Tabela 2
Número de gerentes

	CSN	Usiminas	Cosipa	CST
Antes da privatização	550	360	384	400
1998	123	160	110	84

Continuidade do enxugamento do efetivo

As quatro empresas continuaram dando preferência aos desligamentos por aposentadoria e PDIs.

A CST concluiu o ciclo de desligamentos em setembro de 1992 com um segundo PDI para aposentados e gerentes. Posteriormente, a empresa promoveu somente desligamentos normais.

Na Usiminas, a partir de 1991, a rotatividade anual observada foi de 700 a 800 pessoas deixando a empresa — mais de 90% por aposentadoria — e de 250 a 300 pessoas sendo admitidas.

Na Cosipa, o processo de enxugamento ainda não se encerrou. Após a privatização houve quatro PDIs, sendo o último em dezembro de 1998.

A CSN ainda continua com sua política de dar preferência aos desligamentos por aposentadoria, mas vem efetuando alterações no quadro de pessoal em função do desempenho ou da falta de adaptação ao novo modelo de gestão. No primeiro escalão, foram trocados aproximadamente 38 executivos; no segundo, muitos deles ainda são da fase estatal. A empresa ainda não promoveu a redução de seus níveis hierárquicos.

O número de níveis hierárquicos nas quatro empresas em 1998 consta da tabela 3.

Tabela 3
Número de níveis hierárquicos em 1998

CSN	Usiminas	Cosipa	CST
6	5	5	5*

* Em algumas áreas, é menor.

Monitoramento do clima organizacional

Na CST, embora as demissões tenham causado trauma, procurou-se aumentar a auto-estima e o comprometimento através de programas de comunicação. O clima foi melhorando aos poucos, com o apoio de consultoria especializada.

Na Usiminas, o compromisso assumido pela presidência perante os empregados, de não efetuar demissões em massa, favoreceu a recuperação do clima interno. O clima era monitorado informalmente.

Na Cosipa, a continuação do processo de enxugamento do quadro de funcionários, com a reedição de diversos PDIs, afetou o clima organizacional. O clima era monitorado informalmente.

Na CSN, procurou-se monitorar o clima interno através de pesquisa estruturada. O monitoramento formal conta com o apoio de consultoria.

Visão, missão e cultura organizacional

Na CSN, a introdução de novos padrões na cultura organizacional somente teve início a partir de 1995, com a posse de um novo presidente no conselho de administração. Transmitiu-se ao pessoal a nova visão de negócios, na qual se enfatizava a intenção da empresa de ser líder no segmento do aço, o seu *core business*, valendo-se para tanto das atividades ligadas a portos, minas e energia. Cada unidade de negócios elaborou sua missão e, mais recentemente, propôs-se a incorporação de novos princípios e valores, através da prática do código de ética.

A Usiminas reformulou sua visão, missão e macroestratégias logo após a privatização. Em síntese, a empresa pretende obter seu faturamento através do aço e de novos negócios complementares à siderurgia, tanto que é hoje conhecida como Sistema Usiminas, englobando 16 unidades de negócios no Brasil e no exterior. A cultura organizacional incorporou novos valores: a parceria, o marketing, a liderança, a autonomia, a criatividade, a simplificação, o que é estratégico, o que é econômico.

A Cosipa, através de sua diretoria, apresentou aos funcionários os planos de crescimento mas, como os problemas eram muitos, não foi possível realizar um trabalho ideal. Um importante valor assimilado após a privatização é a transparência das informações, e é dessa forma que a empresa vem construindo sua cultura e conseguindo manter razoavelmente o clima organizacional.

A CST criou uma carta de valores, que foi discutida com todos os funcionários. Desde que a puseram em prática, desanuviou-se o clima, aumentaram a confiança e a lealdade, e melhorou a relação entre gerente e subordinado.

Atuação dos gestores

A CSN passou a atuar sem um presidente executivo, tendo criado uma administração colegiada com quatro diretores superintendentes. Isso foi importante para mostrar aos funcionários dois pontos principais: o processo é que direciona o negócio, além da gestão da qualidade, dos custos e do desperdício; com a adoção da estrutura por unidade de negócios, o gestor teria maior autoridade, mas também maior responsabilidade.

A Usiminas investiu no modelo de administração compartilhada, que pressupõe transparência, democratização do capital e preservação das potencialidades estratégicas e dos bens intangíveis (*know-how* e tecnologia).

Na Cosipa, a ordem era eleger prioridades e agir com transparência. Essa mensagem da direção foi muito bem entendida por todos. A empresa divulga anualmente as suas metas e com isso a produtividade tem crescido. Apesar dessa postura, em 1994 a Cosipa enfrentou duas greves de protesto contra a privatização: a primeira durou três dias, e a segunda, um dia; depois não houve mais nenhuma.

Na CST, as diretrizes para a atuação dos gestores e o modelo de gestão adotado após a privatização advêm da postura dos novos compradores, que definiram claramente os novos objetivos e deram um voto de confiança ao pessoal da casa. A autonomia conquistada pelos gerentes após a privatização exigiu-lhes também maior responsabilidade pelos resultados. O novo modelo de gestão baseava-se num tripé: a Gerência da Rotina, a Gerência da Melhoria e o Programa de Acompanhamento e Desenvolvimento do Empregado.

Atuação da área de recursos humanos

Na pós-privatização, a área de recursos humanos deu seqüência às ações empreendidas na fase de preparação.

Na Usiminas, até 1995, a área de recursos humanos funcionava de forma descentralizada, o que acarretava divergências entre a sede e a usina e falta de foco nas ações. A partir daí, a centralização da área na figura do gerente propiciou maior homogeneidade às ações.

Na CSN aconteceu o mesmo. Quando a área de RH foi descentralizada em 1995, cada unidade de negócios passou a ter o seu jornal interno, o seu *software* de folha de pagamento, o seu plano de cargos e salários e sua própria consultoria. Com a criação do cargo de superintendente-geral, a área foi novamente centralizada e as políticas e os trabalhos simplificados e unificados.

Na Cosipa, a área de RH esteve envolvida na elaboração e operacionalização dos vários PDIs, na incorporação das diversas vantagens e prêmios da época estatal e no treinamento da supervisão de primeira linha.

Na CST, a área de RH adquiriu uma nova estrutura e esteve envolvida em programas de desenvolvimento e comunicação.

As empresas procederam à racionalização das cláusulas do acordo coletivo, com exceção da Usiminas, que preservou a maior parte das cláusulas vigentes na fase estatal. A própria área de RH teve seu tamanho reduzido, como mostra a tabela 4.

Tabela 4
Efetivo próprio da área de RH

	CSN	Usiminas	Cosipa	CST
Fase estatal	251	600	130	162
1998	193	320	57	115

Nessa fase, as equipes de RH das quatro empresas vêm-se dedicando às seguintes atividades:

- ❑ conscientizar os funcionários da importância da formação no 1º e 2º graus;
- ❑ implantar e aperfeiçoar o programa de participação nos lucros/resultados e a política de remuneração;
- ❑ implantar programas de desenvolvimento gerencial e de supervisores;
- ❑ implantar e aperfeiçoar programas de comunicação interna;
- ❑ aperfeiçoar sistemas e rotinas administrativas;
- ❑ continuar incentivando as aposentadorias;
- ❑ manter sob controle o contencioso trabalhista.

Análise da fase pós-privatização

A estrutura organizacional das empresas foi alterada: novos diretores foram indicados pelos acionistas, reduziu-se o número de gerentes e implantaramse novos modelos de gestão (colegiada, por unidade de negócios e compartilha-da). A CST definiu em três meses os funcionários que permaneceriam na nova estrutura e desligou o restante em duas semanas, ao passo que as demais empresas continuaram a promover o desligamento por meio de PDIs, como a Cosipa, ou de programas de incentivo à aposentadoria, como a CSN e a Usiminas. No entanto, todas elas continuaram desligando empregados que tivessem baixo desempenho ou que não conseguissem adaptar-se à nova situação.

Ao que tudo indica, as empresas não estavam preocupadas em limitar o número de demissões, mostrando-se mesmo interessadas em dar continuidade às mesmas. Tal situação pareceu-nos preocupante porque, além de agravar o proble-ma social, podia levar as empresas a se enfraquecerem em áreas de relevância es-tratégica, devido à perda de capital intelectual. No entanto, contrariando nossa expectativa, um dos entrevistados alegou que a saída dessas pessoas não trouxe nenhum problema porque então as empresas já haviam introduzido os sistemas da qualidade, que permitiram documentar os processos produtivos. Entendemos que tais sistemas certamente são adequados para enfrentar os novos desafios da globalização e da competição interna e externa, mas não podem ser implantados sem um modelo de desenvolvimento humano.

Em todas as empresas, procurou-se esclarecer aos funcionários a missão, os objetivos e os novos valores organizacionais. Pretendiam assim os gestores obter o engajamento das pessoas, mostrando-lhes que não só a empresa estava sujeita às leis de mercado, como também todos os que dela faziam parte. A melhora do desempenho individual e o conseqüente aumento da produtividade viriam assim compensar os cortes de pessoal. Mesmo as áreas internas, para não serem extintas ou incorporadas, deviam comprovar que estavam conseguindo adicionar valor ao negócio da empresa. Essa postura neoliberal, que privilegia o eixo econômico e a tecnologia, obceca as pessoas, levando-as a superarem seus limites na busca do reconhecimento e dos ganhos propiciados pelos programas de participação nos lucros e resultados.

De modo geral, o clima organizacional era bom, exceto na Cosipa, devido à tensão provocada pelos desligamentos e pelo prejuízo líquido decorrente do paga-mento das dívidas com o fisco estadual.

As áreas de recursos humanos também sofreram redução significativa no número de funcionários. A Cosipa — a que mais reduziu o quadro — conseguiu fazê-lo mediante a informatização de rotinas, terceirização, contratação de servi-ços e aposentadorias sem reposição. Outro fato relevante foi o desdobramento da área de RH com a criação da Assessoria de Relações Trabalhistas e Comunitárias, ficando esta encarregada de formular as políticas e diretrizes de recursos huma-nos, negociar com o sindicato e prestar serviço social.

Na CSN e na Usiminas, a área de RH voltou a ser administrada de forma centralizada, uma vez que a descentralização acarretara falta de uniformidade nas políticas e duplicidade de atividades e sistemas.

Na Cosipa e na CST, a área de RH enfrentou dificuldades na organização e administração do voluntariado, pois a população a ser desligada não incluía apenas os aposentados, cabendo às chefias convencer os indecisos.

Vale observar que algumas dessas empresas criaram ou adquiriram novos negócios, mas não foi possível relacionar o crescimento organizacional com o dimensionamento do efetivo nessa época.

Situação atual

Disseminação do processo de mudança

A alta direção das quatro empresas vem empreendendo esforços para disseminar internamente os conceitos de liderança no mercado e valor adicionado. As empresas querem tornar-se líderes de mercado desenvolvendo competências essenciais e únicas. De forma complementar, o conceito de valor adicionado enfatiza a riqueza que a empresa é capaz de gerar para os acionistas, consumidores e funcionários. Em suas ações estratégicas, as empresas têm procurado auferir maiores ganhos identificando novos negócios, antecipando-se às novas necessidades dos clientes, criando novas competências e, principalmente, estabelecendo alianças, sem descuidar dos aspectos do denominador vinculados à redução de custos.

Pudemos constatar que o processo de mudança ainda não se encerrou nas quatro empresas:

- Na CSN, o presidente do Conselho expõe pessoalmente aos executivos e funcionários os planos estratégicos e responde a perguntas como "por que a empresa participou do leilão da Light?" ou "por que a empresa perdeu o leilão da Sidor na Venezuela?".

- Na Cosipa, o presidente realiza o mesmo trabalho, tanto assim que, em 22 de dezembro de 1998, apresentou aos gerentes e analistas o resultado anual da empresa, procurando esclarecer-lhes os desafios e as dificuldades do momento.

- Na Usiminas, o diretor-presidente vem informando a linha de comando e os funcionários a respeito das realizações do Sistema Usiminas.

- Na CST, o vice-presidente executivo tem comunicado a todos a intenção estratégica da empresa de passar a laminar as suas placas em 2001, obtendo assim maior valor agregado em sua linha de produtos.

Com essas iniciativas, cada gestor, conhecendo bem a sua empresa, pode estabelecer as prioridades de sua área e esclarecer eventuais dúvidas dos funcionários e da sociedade.

Sustentação — monitoramento

Segundo Fischer,[39] independentemente dos programas formais de comunicação interna existentes na empresa, os gestores devem ouvir os funcionários e fornecer-lhes respostas, sejam elas positivas ou negativas. Portanto, a sustentação da mudança depende do trabalho dos gestores, aos quais compete renovar os valores da cultura, interpretar os novos rumos e ajustar a estratégia interna da área para o desafio que se apresenta.

Na CST, por exemplo, a área de recursos humanos conseguiu obter das gerências o compromisso de conhecer exaustivamente os novos projetos que estão sendo implantados. Os gestores perceberam que não se trata simplesmente de entregar às pessoas uma cartilha e dizer-lhes: "leiam e, se houver dúvidas, falem com o RH".

Na CSN, o gestor é instruído a adotar esse comportamento, em função da seguinte crença da empresa: "se o empregado não estiver convencido de que a empresa está no caminho certo, como serão os clientes convencidos?".

Na Cosipa, o supervisor de primeira linha vem sendo treinado em relações trabalhistas, técnicas de percepção, relações interpessoais e administração básica, para poder melhor dialogar com o funcionário.

Na Usiminas, um dos seus principais valores disseminados entre os gestores é saber ouvir o empregado e responder-lhe com transparência e empatia.

Gestão e suporte

Com a privatização, ampliou-se a autonomia dos gestores, assim como sua responsabilidade pelos resultados. As empresas tiveram que aperfeiçoar suas políticas de desenvolvimento e remuneração dos recursos humanos, principais alicerces do processo de mudança. Por exemplo, todas as empresas estudadas adotaram políticas de participação nos lucros ou resultados.

Na CST, além de haver tal participação, a evolução do salário fixo está condicionada à aquisição das habilidades específicas à função. A CSN está desenvolvendo um programa de remuneração variável mais agressivo e exclusivo para os executivos. Na Usiminas, a participação nos lucros está vinculada à obtenção de um nível mínimo de lucro. Na Cosipa, o programa de participação nos lucros ainda não está vinculado ao cumprimento de metas.

Pudemos perceber que em todas as empresas existe um perfil ideal para os gestores, ainda que o mesmo não esteja formalmente elaborado.

Na CSN, por exemplo, o diagnóstico organizacional indicou as posturas e habilidades gerenciais a serem desenvolvidas: aumentar o nível de proatividade das pessoas; demonstrar que as áreas-meio são tão importantes quanto as áreas ligadas ao ciclo produtivo; instituir a visão do processo; promover a capacidade de

---

[39] Fischer, apud Oliva (1999).

negociação, seja na relação direta entre superior e subordinado, seja na relação de prestação de serviços. Em 1997, a empresa realizou um amplo trabalho de avaliação de potencial até o nível de supervisor, a fim de identificar as pessoas que se enquadravam no perfil desejado e, logo, no plano de sucessão gerencial.

Na Usiminas, a visão, missão e macroestratégias definidas após a privatização adicionaram a esse perfil algumas novas características, como por exemplo a habilidade para estabelecer parcerias. Atualmente, com o apoio de consultoria, procura-se desenvolver o perfil ideal dos gerentes, do qual certamente farão parte competências ligadas ao trabalho em equipe, à proatividade e à transmissão pessoal de informações sobre a empresa.

Na Cosipa, elaborou-se um perfil para gerentes e supervisores, mesclando recursos internos e externos, no qual se estabelecem as competências gerais e específicas, bem como os atributos pessoais para ser um bom gestor na empresa. Há dois anos teve início o treinamento dos supervisores de primeira linha, visando adequá-los à nova realidade.

Na CST, a palavra-chave é a ênfase na missão, nos objetivos e no compromisso. A principal postura esperada dos gestores é converter toda a energia das pessoas em trabalho, transformando a empresa num lugar de desafios e realizações pessoais. Outro aspecto que passou a ser valorizado é a capacidade para identificar e resolver problemas.

Pudemos observar, no entanto, que as empresas do setor siderúrgico vêm trabalhando exclusivamente com o perfil de competências gerenciais, sem se preocuparem, por exemplo, com os cargos nos quais a obtenção de resultados depende mais do ocupante do que da descrição de atribuições; ou com os grupos autogerenciados, onde o resultado individual é menos importante do que a contribuição para o trabalho do grupo; ou, ainda, com cargos desenhados para que os profissionais possam crescer, como os *trainees*.

Adesão

Atuando com um quadro mais enxuto, as empresas necessitam que seu pessoal não só conheça os objetivos estratégicos e deseje se desenvolver, mas também que transforme todo esse potencial em engajamento e ação. Durante as entrevistas, pudemos perceber que as empresas tinham noção do tempo que essa mudança, considerada de larga escala, exigiria em termos ideais. Os gestores e os funcionários mais saudosistas, que não se adaptaram às novas diretrizes, pediram para sair ou foram convidados a fazê-lo. Tudo isso tem a ver com fatores de competitividade e capacidade organizacional. Como a Siderbrás não mais definia as regras do mercado, o aço importado invadiu a economia brasileira, e as empresas se viram diante de novas demandas, tendo que introduzir urgentemente mudanças em diversas áreas, como produtos, mercados, tecnologia, recursos humanos e finanças. Em todas as empresas pesquisadas, a internalização dos objetivos é crescente, até certo ponto impulsionada pelo programa de participação nos lucros e

Novo controlador? Práticas adotadas na gestão de pessoas

resultados e pelo tratamento dispensado pelos gestores aos funcionários. Em algumas delas, até mesmo as famílias participam de programas de saúde e de melhoria da qualidade de vida.

RH e objetivos estratégicos

Na difícil tarefa de converter a estratégia em ação, a administração dos recursos humanos representa um dos pilares da vantagem competitiva da empresa no mercado.

Na CSN, a superintendência geral de recursos humanos participa ativamente do processo estratégico colaborando com diversos parceiros internos. Por exemplo, com a área de comunicação social, desenvolve projetos de comunicação interna; com a auditoria, elaborou o código de ética; com o grupo de acompanhamento de metas, de que fazem parte a controladoria e o planejamento estratégico, atua na consolidação das metas das unidades de negócios que se vinculam ao programa de participação nos lucros e resultados.

No Sistema Usiminas, a gerência administrativa e de recursos humanos contribui para os objetivos estratégicos atuando em três esferas: organizacional, funcional e sindical. Devido ao modelo de administração compartilhada, as principais definições estratégicas contam com a colaboração da área de RH. Cabe citar, por exemplo, os esforços para obtenção dos certificados ISO 9000, QS 9000 e ISO 14001; a estruturação dos canais de comunicação interna; a definição do perfil de competências dos gestores; a elaboração do plano de racionalização de cargos.

Na Cosipa, as turbulências na gestão durante a fase estatal, as prioridades estabelecidas na fase de privatização e o contínuo enxugamento do quadro de funcionários levaram a superintendência de recursos humanos a concentrar-se no trabalho operacional, mas seu papel estratégico é cada vez maior na empresa. Por exemplo, juntamente com a assessoria de relações trabalhistas e comunitárias, desenvolveu o *Manual de políticas e diretrizes de recursos humanos*; com o corpo gerencial, está elaborando o projeto de restruturação de cargos; com as superintendências de meio ambiente, medicina e segurança, metalurgia e controle da produção, participa dos projetos das células de segurança, meio ambiente e qualidade, cujos resultados são apresentados num fórum especial e já valeram à empresa duas patentes e prêmios da CNI e da Fiesp.

Na CST, a gerência geral de recursos humanos colabora com as diretorias e gerências gerais na concepção e implementação de projetos técnicos e comportamentais. Por exemplo, a nova política salarial é fruto de um trabalho conjunto com o corpo gerencial, e o modelo de gerenciamento da empresa foi desenvolvido em parceria com a diretoria e o corpo gerencial, contando também com o apoio de consultorias.

RH como agente de mudanças

Nas quatro empresas siderúrgicas aqui analisadas, a área de recursos humanos atua como agente de mudanças na medida em que contribui para a transformação cultural. Assim, ela não apenas colabora internamente com as gerências de linha na disseminação dos valores da cultura organizacional, como também atua externamente junto à comunidade, procurando esclarecer a nova postura da empresa como entidade privada.

Em todas as empresas, o índice de acidentes diminuiu após a privatização, podendo-se mesmo dizer que, nesse sentido, a área de RH foi a que mais contribuiu na criação de capacidade para a mudança.

A Cosipa recebeu pela terceira vez um prêmio latino-americano por ter reduzido os índices de acidentes, o que pode ser atribuído ao intenso trabalho com as células de segurança.

Do mesmo modo, a Confederação Nacional da Indústria e o Instituto Brasileiro de Siderurgia premiaram a CST pelos baixos índices de acidentes, conquista atribuída à introdução das reuniões diárias de segurança. Outra importante iniciativa para a criação de capacidade para a mudança nessa empresa foi a implantação dos times autogerenciáveis, projeto desenvolvido primeiramente na área de RH e depois estendido a outros departamentos.

RH e engajamento dos funcionários

Ultimamente, tem-se exigido que as pessoas produzam mais com menos recursos. As reestruturações e o ambiente competitivo demandam do empregado maior competência e engajamento nas ações da empresa. Assim, cabe à área de RH fazer com que as pessoas sejam mais produtivas sem que por isso se tornem deprimidas.

Em todas as empresas analisadas, os dados mostram que a burocracia foi reduzida, os empregados passaram a exercer tarefas mais interessantes (menos divididas), a colaboração e o nível de informação aumentaram, as políticas de remuneração e desenvolvimento procuraram compensar a necessidade de cumprir metas e de demonstrar conhecimentos e habilidades. Uma novidade importante foi a criação de grupos de voluntários para discutir temas ligados à qualidade, à segurança e ao meio ambiente. A administração participativa se instala quando grupos descentralizados e integrados às áreas funcionais da empresa trabalham em cima dos objetivos, das diretrizes e das políticas da organização. As pesquisas de clima organizacional que as empresas vêm conduzindo servem para avaliar o grau de satisfação do pessoal nesses aspectos.

Para ganhar credibilidade como prestadora de serviços, a área de RH necessita primeiramente aperfeiçoar os seus processos internos, com o que estará contribuindo também para melhorar a infra-estrutura da empresa. O aprimoramento das políticas existentes e a implantação de novos métodos dependem das necessidades estratégicas da empresa e da disponibilidade de recursos financeiros. Pudemos constatar que as quatro empresas pesquisadas aperfeiçoaram várias atividades.

A CSN investiu na informatização de sistemas operacionais e de informações, visando oferecer melhores condições de trabalho à linha de comando. Aperfeiçoou a comunicação interna, tornando-a mais ágil e transparente, e racionalizou as cláusulas do acordo coletivo.

A Usiminas promoveu a racionalização dos cargos, agilizou o processamento das aposentadorias e aperfeiçoou os sistemas operacionais e de informações para a linha de comando.

A Cosipa racionalizou os cargos, enxugou as cláusulas do acordo coletivo, simplificou o relacionamento interno, melhorou os sistemas operacionais e de informações para a linha de comando e terceirizou o setor de aposentadoria e benefícios.

A CST informatizou os sistemas operacionais e de informações para a linha de comando e reformou os escritórios do prédio central, adequando-os aos mais modernos padrões de segurança e funcionalidade.

Constatamos, ainda, que as empresas suspenderam o processo de avaliação do desempenho individual por causa do programa de participação nos lucros e resultados, que mede o desempenho das equipes. Informaram-nos, porém, que o processo será retomado tão logo sejam concluídos: o projeto do perfil de competências gerenciais; o mapeamento do potencial da linha de comando, no caso das empresas que ainda não o realizaram; a revisão do plano de cargos e salários; e a preparação dos gestores para a adoção de um modelo de avaliação numa perspectiva mais ampla, incluindo não apenas o superior imediato, mas também os iguais e os subordinados.

Análise da situação atual

Embora os dados revelem que a direção das empresas está empenhada em capacitar seus funcionários para melhor lidar com as dificuldades enfrentadas, observamos que o nível gerencial ainda necessita desenvolver algumas competências, a saber: o foco em processos e em gestão de pessoas. A Cosipa, por exemplo, até então havia treinado os supervisores de primeira linha, mas não os gerentes.

A sustentação do processo de mudança vem sendo conseguida por meio dos seguintes mecanismos: aumento da autonomia dos gestores; intensa cobrança de resultados; estímulo ao desempenho através programas de participação nos lucros e resultados; e aumento da capacitação através de programas de treinamento.

Nessas condições, a adesão ao processo de mudança passa a ser incondicional. No entanto, se levarmos em conta que o tempo médio das pessoas nas quatro empresas era, à época, algo em torno de 10 anos e que a privatização ocorreu há nove anos em média, podemos concluir que essa adesão ainda não é total, pois as mesmas pessoas que inicialmente permaneceram nas empresas e que mostraram capacidade de adaptação aos novos padrões culturais foram posteriormente desligadas por fraco desempenho ou pouco compromisso com os objetivos organizacionais.

O posicionamento estratégico da área de RH na estrutura organizacional das siderúrgicas reflete a importância que lhe atribuem os dirigentes. Exemplo disso é o número de parcerias que ela tem estabelecido com outras áreas da empresa. De modo geral, a opinião dos clientes internos das áreas de RH acerca dos serviços por elas prestados mostra que o vocabulário e a prática da gestão de negócios também estão se incorporando em suas atividades. Os clientes percebem a disposição das áreas de RH para avaliar o custo-benefício dos projetos e das ações sob sua responsabilidade, evitando modismos inconseqüentes. No entanto, as ações voltadas para os aspectos sociais não foram elogiadas pelos clientes das áreas de RH.

Por outro lado, entendemos que as áreas de RH certamente contribuem para o processo de mudança das organizações, mas não o estão liderando, o que nos parece mais coerente, uma vez que também elas sofreram mudanças, cabendo-lhes, portanto, conforme os modelos já vistos, um papel mais estratégico e proativo, em vez da responsabilidade integral pelas transformações. Afinal, a área de RH, mesmo sendo agente do processo, também está sujeita às mesmas condições que as outras áreas da organização.

Essas transformações na vida das pessoas podem acarretar desconfortos. Atualmente, os funcionários estão participando de forma compulsória do supletivo de 1º e 2º graus patrocinado pelas empresas: os que se recusarem a participar ou que não conseguirem concluir os cursos num determinado prazo tornam-se passíveis de desligamento.

Um dos instrumentos de que as empresas podem utilizar-se para averiguar o grau de satisfação dos funcionários é a pesquisa de clima organizacional. Das quatro empresas, a Cosipa e a Usiminas não chegaram a desenvolver uma pesquisa formal de clima organizacional.

Por último, vale notar que, embora as áreas de recursos humanos estejam aperfeiçoando os sistemas operacionais e os sistemas de informações para uso dos gestores, o uso do computador para realizar pesquisas junto aos funcionários ainda não é bem aceito pelos sindicatos.

Capítulo 6

Gestão de pessoas e privatização: reflexões para um modelo de gestão*

O estudo aqui realizado tem as limitações próprias de qualquer pesquisa: atém-se ao período em que ocorreram as privatizações, ao setor empresarial focalizado e aos casos empíricos investigados; e ressente-se de um acompanhamento longitudinal tanto do período histórico posterior, quando se reduz a turbulência que caracterizou as privatizações dos anos 1990 no Brasil, quanto das próprias empresas pesquisadas, que evoluíram conforme as especificidades de seus ciclos de vida e estilos de direção administrativa.

Contudo, tais limitações não invalidam as análises e reflexões aqui apresentadas, que são universais no que se refere à temática das transformações organizacionais, assim como são atemporais na medida em que assinalam certas tendências de aperfeiçoamento da administração de recursos humanos visando valorizar o papel das pessoas no âmbito das organizações.

Independentemente das características específicas dos casos estudados, a pesquisa ressalta a importância da abordagem contextualista, tanto para a compreensão dos fenômenos de mudança organizacional quanto para a concepção dos processos de gestão dessas transformações em organizações complexas. Entre as características desse método, convém sublinhar o procedimento de levantar a trajetória da empresa e nela identificar os principais incidentes críticos. A contextualização das decisões tomadas no passado e no presente da empresa permite identificar os padrões culturais predominantes e as tendências que determinarão os modelos de gestão que se conformarão a partir das mudanças em processo.

Ao situar no contexto interno o modo como cada empresa definiu, implícita ou explicitamente, suas políticas de gestão das pessoas durante a privatização,

---

* Co-autora: Rosa Maria Fischer.

o estudo procurou lançar luz sobre seu pressuposto essencial: as pessoas e sua capacidade de desenvolvimento são geradoras de valor para uma organização em mudança e como tal devem ser valorizadas, constituindo-se em agentes desse processo.

Quando iniciamos a análise dos casos, tínhamos por objetivos específicos:

- caracterizar a gestão das empresas na fase estatal, apresentando os estilos gerenciais, os valores predominantes, os resultados obtidos em termos de competitividade e a atuação da área de RH;
- mostrar como as empresas se prepararam para o processo de privatização e quanto tempo tiveram para gerir o processo e as mudanças introduzidas na gestão, destacando especialmente os enxugamentos do efetivo, o processo de comunicação interna, a ação sindical, a administração do clima organizacional e a gestão de pessoas;
- estudar o período pós-privatização, focalizando não só as principais alterações na estrutura organizacional, na visão, missão e cultura da empresa, na administração do efetivo e no clima organizacional, mas também a forma como os gestores e a área de RH atuaram no processo;
- mostrar a situação atual do processo de mudança e da administração de recursos humanos, com base em dois modelos, respectivamente: "processo de mudança integrado e sustentado" e "múltiplos papéis em recursos humanos".
- identificar uma linha de tendência no que se refere à gestão da empresa, à administração dos papéis de recursos humanos e à gestão de pessoas.

Principais resultados do estudo

Após estudarmos quatro empresas privatizadas (CSN, Usiminas, Cosipa e CST), com base em entrevistas, análise documental e estudos teóricos, pudemos concluir que a atuação das áreas de recursos humanos nesse setor da economia se modificou após a privatização.

Observamos que as quatro empresas, enquanto estatais, tinham áreas de RH muito burocráticas e, considerando as necessidades de uma empresa privada, estavam em média com um excedente de 50% em seu quadro de funcionários. A atuação dessas áreas era predominantemente operacional, uma vez que não tinham autonomia para controlar, por exemplo, o movimento do efetivo ou a implantação de um plano de cargos e salários, nem para conduzir uma negociação com o sindicato, que era combativo nessa época.

A relação com o Estado introduziu nas empresas uma filosofia de gestão com fortes valores paternalistas. As áreas de RH, como não podiam aumentar salários, ampliavam a concessão de benefícios vinculados ao tempo de casa, ao exercício de cargos de confiança e a uma visão assistencialista. Além disso, atuavam como intermediárias entre as empresas e a comunidade, porque estas se viam

Gestão de pessoas e privatização: reflexões para um modelo de gestão 83

e eram vistas como uma extensão do governo e, portanto, com deveres em relação à sociedade civil.

Os gestores sabiam que as empresas valorizavam a obtenção de resultados técnicos, e esse comportamento inconsciente tornou-se um pressuposto da cultura das empresas. Assim, eles transferiam para as áreas de RH algumas responsabilidades que lhes cabiam na gestão de pessoas, como por exemplo as demissões.

Das quatro empresas, apenas a Usiminas era então lucrativa. Uma das conclusões a que se pode chegar é que a privatização restaura o objetivo de minimização de custos, aumentando a eficiência das empresas. A privatização foi a mudança principal, mas ela também desencadeou outras mudanças que ainda hoje continuam ocorrendo nas organizações.

No processo de privatização verificado nesse setor, confirmamos estarem alguns papéis da área de RH de acordo com os modelos de Ulrich e Fischer, como por exemplo a criação do clube de investimentos para aquisição de ações pelos funcionários, mas o mesmo não se pode dizer de outros papéis, como o apoio necessário ao desenvolvimento das habilidades gerenciais.

Reflexões para um modelo de gestão de pessoas em empresas privatizadas

Apresentamos a seguir algumas reflexões que poderão servir de referência para os responsáveis por esse processo de mudança.

Fase de preparação para a privatização

Uma das tarefas que compete à área de RH nessa fase é estabelecer as regras do clube de investimentos para viabilizar a compra das ações pelos funcionários. Tal iniciativa, além de satisfazer às expectativas dos funcionários e do sindicato profissional, conta com o apoio da alta administração no que se refere ao preço e à forma de pagamento.

Antes de ter início o processo de mudança, deve-se realizar um *benchmarking* junto às áreas de RH de empresas que já passaram por essa experiência. Algumas organizações podem até já fazê-lo de forma rotineira, mas convém elaborar um projeto específico para a privatização. Afinal, após mais de 10 anos de diversas experiências nesse campo, é importante conhecer as práticas que deram certo em outras organizações.

O processo de privatização, como vimos, acarreta considerável redução do efetivo. Portanto, cabe à área de RH oferecer requalificação ou orientação às pessoas incluídas nos planos de desligamento, a fim de prepará-las para a volta ao mercado, seja com negócio próprio, seja novamente como empregado.

Cumpre intensificar a comunicação tanto no âmbito interno quanto externo. A empresa deve estar disposta a manter inúmeras reuniões com gerentes, funcionários, sindicalistas, órgãos de representação da sociedade local e imprensa, para explicar como o processo de privatização será conduzido. O objetivo é evitar a propagação de boatos e os mal-entendidos.

É difícil manter um clima organizacional saudável nessa fase, pois é natural que os trabalhadores fiquem apreensivos com as demissões, mas a prática da boa comunicação entre a direção, a linha de comando e os colaboradores tende a atenuar os efeitos negativos que essa apreensão pode provocar, tais como queda da qualidade do produto e dos serviços e pouco comprometimento com os objetivos da empresa.

Nessa etapa, algumas empresas optam por terceirizar serviços. Deve-se ter cautela no uso dessa prática com ex-funcionários, devido a eventuais problemas trabalhistas. O erro mais comum é contratar o ex-funcionário como prestador de serviços exclusivo da empresa, quando isso pode se feito através de cooperativas ou por outros meios legais disponíveis. Se o juiz considerar que está havendo extensão do vínculo empregatício, certamente vai deferir a favor do reclamante.

Na fase estatal, dependendo do segmento econômico a que pertença a organização, a ação sindical costuma ser intensa. Mas, quando a empresa inicia as transformações nas áreas produtiva e administrativa, os sindicatos pouco podem fazer para impedir as demissões, mesmo aqueles que se propõem a colaborar com o processo de privatização. Atualmente, devido aos efeitos da globalização e às condições econômicas do país, a ação dos sindicatos é mais moderada, mas cumpre respeitá-los como legítimos representantes dos interesses dos trabalhadores.

Convém não interromper jamais os projetos da área de RH, principalmente aqueles que envolvam maior informatização e uma estratégia interna mais efetiva de integração da linha de comando à estratégia empresarial.

Nas organizações que estão sendo privatizadas, é comum haver alguma demora na adesão dos funcionários ao processo de mudança organizacional. Nesse caso, recomenda-se à empresa investir mais no desenvolvimento das habilidades gerenciais.

Fase pós-privatização

Quando a empresa está situada num município que sempre dependeu dela, convém ir aos poucos mostrando às autoridades e à população em geral que não é mais possível participar diretamente do custeio das despesas públicas. No entanto, dada a importância da empresa para a região, cumpre formular uma política de responsabilidade social que coadune os objetivos empresariais com as necessidades locais.

É fundamental que a linha de comando atue com ética e transparência, procurando conquistar a confiança dos funcionários. Isso pressupõe que os gestores estejam dispostos a ouvir as eventuais queixas e tomem medidas para revitalizar o compromisso.

Após a privatização, convém anunciar aos empregados a missão, a visão e os valores da cultura organizacional. Afinal, a vantagem competitiva advém da assimilação desses novos valores. Esclarecer às pessoas os objetivos e as estratégias organizacionais é condição indispensável para a disseminação do processo de mudança.

Nessa fase é importante centralizar a estrutura da área de recursos humanos, definindo políticas válidas para toda a empresa. Dois exemplos são a unificação dos sistemas de RH e a concepção e implantação do plano de desligamento incentivado (PDI). No primeiro caso, é preciso haver alguma padronização nas unidades de negócio, como a adoção de um único sistema de folha de pagamento. No segundo caso, o PDI deverá estabelecer as metas por áreas, níveis hierárquicos e cargos, mostrando quem pode candidatar-se ao plano e as vantagens em aderir ao mesmo. O importante é não perder pessoas que exerçam funções-chave, mas não convém utilizar os gestores para convencer os indecisos, caso a meta não seja cumprida.

Os profissionais de RH não podem prescindir de um trabalho conjunto com os gerentes de linha, iniciando assim um processo de integração. A área de RH não pode impor aos gestores os programas que julgue necessários sem antes negociar com eles os propósitos e os resultados esperados.

As mudanças necessárias no desenho organizacional devem ir além das análises específicas previstas em cada processo do negócio, como propõe a reengenharia. Há o risco de a empresa contratar para essa tarefa uma consultoria e esta sugerir como estratégia de ação deliberações no sentido *top-down*, desconsiderando os gestores e os funcionários e tirando a legitimidade dos resultados pretendidos.

Imediatamente após a privatização, os acionistas devem definir os diretores, e estes, os gerentes. Nos casos de fusões administrativas, aquisições ou incorporações, em que podem existir funções superpostas, é natural a empresa agir sobre a estrutura organizacional. As organizações precisam definir corretamente os níveis gerenciais necessários, analisando os resultados esperados de cada posição em função da complexidade do processo decisório e das responsabilidades quanto ao futuro da empresa. Uma das alternativas é destituir todos os gerentes, transferir alguns deles e pedir a outros que formalizem sua adesão ao PDI. A outra alternativa, sem recorrer ao PDI, é desligar os aposentados e, se necessário, os empregados com desempenho ou comportamento abaixo das expectativas. Sabemos que, apesar de as empresas oferecerem um bom pacote de desligamento, a insatisfação de funcionários remanescentes pode redundar em problemas operacionais. Na atualidade, o efetivo das organizações é controlado diariamente. O crescimento da produção em virtude do investimento feito em tecnologia, aliado à redução do número de trabalhadores, pode propiciar às empresas um aumento global de produtividade. Aconselha-se aos dirigentes definir o mais rápido possível os gestores que deverão permanecer na organização. O mesmo deveria valer para os demais funcionários, mas geralmente o porte das empresas impede que isso seja feito num prazo relativamente curto, dada a complexidade das tecnologias, mercados, processos e sistemas.

O sistema de remuneração, incluindo-se aí o estudo dos cargos (racionalização e avaliação), a política de salários (fixos ou variáveis) e a concessão de benefícios (espontâneos ou por imposição do acordo coletivo), deve ser logo revisto pela área de RH num primeiro momento e, posteriormente, de forma contínua em função das alterações que possam ocorrer na estrutura organizacional. Outra medida importante para as empresas recém-privatizadas é reduzir as cláusulas do acordo coletivo e incorporar na remuneração das pessoas o que for suprimido, conforme previsto em lei. As empresas não podem demorar a aperfeiçoar os elementos que compõem a remuneração e que dão sustentação à mudança. A médio ou longo prazo, convém desenvolver um modelo de gestão por competências para os níveis administrativo e gerencial.

A área de RH também costuma ser afetada pelos desligamentos efetuados durante o processo de privatização, mas é importante não haver solução de continuidade em suas funções operacionais e estratégicas. Consideramos que o posicionamento dessa área na estrutura organizacional deve favorecer sua atuação estratégica no contexto interno da empresa.

No processo de privatização, a área de RH deve atuar como agente de mudanças, pois sua missão está ligada à criação da capacidade de mudança em toda a organização, substituindo a resistência pela resolução, o planejamento pelos resultados e o medo pelo entusiasmo. No entanto, constatamos que até mesmo esse papel torna-se difícil para as áreas de RH, pois também elas sofrem transformações. Entendemos que a área de RH deve funcionar como vitrine, adotando internamente todas as inovações que gostaria de ver funcionando nas demais áreas, de modo a favorecer a propagação do modelo organizacional desejado.

Hoje a linha de comando sente-se mais responsável pela gestão das pessoas. A nosso ver, as exigências que as empresas impuseram às pessoas ao longo da década de 1990 (desempenho de excelência, trabalho em equipe, aprimoramento contínuo e autodesenvolvimento) talvez não estejam compensando o número de salários variáveis oferecidos em um ano de trabalho nem possibilitando um trabalho mais participativo. Embora não tenhamos entrevistado um número significativo de pessoas de nível operacional para confirmar essa hipótese — visto não ser este o objetivo das entrevistas —, observamos que as pessoas dispõem de pouco tempo para realizar suas tarefas e, como o quadro foi reduzido, às vezes têm até que fazer mutirão, quando os gestores detectam acúmulo de serviço. Para ajudar na busca do equilíbrio interno e da qualidade de vida no trabalho e assim reduzir as tensões, a área de RH deveria realizar pesquisas periódicas e estruturadas sobre o clima organizacional e agir conforme os resultados apurados.

A principal tarefa da área de RH é criar e manter políticas que sejam do interesse da empresa e que atendam aos interesses dos funcionários quanto à prestação de serviços. Quando se atua com estruturas reduzidas e é preciso não só criar valor nos processos de contratação, treinamento, avaliação e remuneração, mas também gerir o fluxo de funcionários na organização, uma das opções é agenciar e gerenciar serviços externos, o que deveria ser feito com maior autonomia nas empresas que se acham nessa condição. As áreas de RH puderam dar um grande salto qualitativo no aperfeiçoamento das rotinas administrativas graças à informática. Por exemplo, a integração do sistema de folha de pagamento com o controle de freqüência eletrônico facilita as tarefas internas de RH. Os relatórios para os gerentes, antes padronizados, são hoje diferenciados. Cada um consulta pela rede o servidor e elabora o tipo de relatório que deseja a partir de uma mesma base de dados. Algumas empresas podem conduzir o projeto do perfil de competências dos gestores, extensivo num segundo estágio a outros profissionais, de modo a permitir a avaliação das pessoas e também a elaboração de um plano de treinamento e sucessão internos.

Concluímos, portanto, que a área de RH pode melhorar o seu desempenho em todos os papéis. Porém, cabe chamar a atenção para alguns aspectos: o desequilíbrio ainda existente entre o papel estratégico e o operacional; o trabalho que resta fazer com os gerentes, principais responsáveis pelo processo de mudança; o levantamento mais detalhado das condições que tolhem ou facilitam a vida das pessoas no ambiente de trabalho; e uma vez que as áreas de RH já podem contratar serviços externos, o uso mais freqüente desse recurso, a fim de agilizar os trabalhos técnicos e possibilitar à área de RH um maior envolvimento nas questões estratégicas e no processo de mudança.

Algumas tendências

Por último, queremos apresentar alguns fatos que, embora tenham sido observados à época da pesquisa, apontam para futuras tendências, principalmente no que se refere ao processo de privatização.

Gestão empresarial e de negócios

Com a abertura do mercado, as empresas começam a adotar modelos de gestão que lhes permitam competir globalmente. Quando uma empresa é privatizada, costuma haver um aumento no seu faturamento e no recolhimento de impostos. Assim como já ocorre em certas organizações, a tendência é, pois, intensificar as parcerias com fornecedores, clientes, universidades e institutos de pesquisa do exterior, visando oferecer no mercado um produto com alto valor agregado.

Outra tendência observada é a introdução de sistemas de gestão integrada. Tais sistemas exigem altos investimentos, mas permitem às empresas: definir melhor seu foco, organizando-se por processo; e identificar e substituir as funções ainda existentes que não agreguem valor aos resultados.

Contudo, essas soluções não são panacéias. Além do custo financeiro, elas representam um problema complexo no que concerne à sua implementação. A escolha do sistema, o processo de transição, os impactos sobre a cultura e a performance da organização, tudo isso precisa ser bem avaliado e planejado para evitar que se transforme em obstáculo à valorização das pessoas.

Gestão de pessoas

Há que adequar a prática das organizações aos conceitos de gestão de pessoas formulados por Mohrman e Lawler III, Ulrich, Fischer e Dutra.[40] Segundo este último, até a primeira metade desta década muitas empresas já estarão utilizando os conceitos propostos. Nas organizações privatizadas, uma das ferramentas utilizadas pelo corpo diretivo foi o gerenciamento participativo através de grupos autogerenciáveis, processo pelo qual se transfere poder da administração para as pessoas visando agilizar as tarefas operacionais e administrativas, porém dentro de certos limites. Acreditamos que a maior difusão desse método entre as empresas permitirá reduzir ainda mais o número de gerentes. Um dos fatores que impede a plena concretização dessa tendência é a avaliação do desempenho das pessoas, hoje ainda um monopólio da gerência.

Em organizações complexas que interagem com diversos agentes econômicos e acompanham a evolução da tecnologia — como é o caso das empresas siderúrgicas aqui estudadas —, a qualificação das pessoas é uma das exigências mais marcantes. No caso dos supervisores de primeira linha, há mesmo a tendência de só promover a esses cargos pessoas com curso superior, mais capacitadas a compreender as mudanças, cada vez mais aceleradas, e a facilitar a incorporação e a transmissão de metodologias e tecnologias.

Outra tendência é o desenvolvimento de sistemas de gestão por competências gerais e específicas. Essa técnica, que recomendamos seja implantada a médio prazo, após a privatização, propõe-se definir os principais requisitos para as pessoas nos diversos níveis e áreas organizacionais; os resultados esperados em face da complexidade crescente das tarefas; e uma filosofia de tratamento das pessoas. A questão-chave é o respeito à individualidade das pessoas, que não mais podem ser rotuladas em função dos cargos que ocupam, pois em ambientes que mudam constantemente as fórmulas preestabelecidas se mostram insuficientes para o encaminhamento e a solução dos problemas organizacionais. Por outro lado, as pessoas têm expectativas quanto ao seu próprio desenvolvimento e valorização. Em caso de eventual recuperação econômica graças à melhoria dos serviços prestados

---

[40] Mohrman & Lawler III, 1995; Ulrich, 1998; Fischer, 1998; Dutra, 2002.

— como se espera que ocorra após a privatização —, as pessoas devem estar preparadas para apoiar a empresa onde trabalham e, em troca, ser compensadas com uma remuneração proporcional ao retorno obtido.

Com base na experiência até agora acumulada, entendemos que em futuras privatizações será necessário aperfeiçoar o processo de gestão de pessoas, principalmente na fase de preparação, quando elas requerem cuidados especiais, seja na forma pela qual serão afetadas (terceirizações, transferências ou desligamentos), seja na comunicação das perspectivas da empresa.

Relações trabalhistas e comunitárias

Tendo em vista o bom relacionamento com os empregados e seu sindicato, a tendência é a empresa oferecer um emprego com qualidade, e não com estabilidade. Isso significa oferecer um bom ambiente, um trabalho interessante, uma compensação justa e a possibilidade de influenciar na construção do futuro da empresa, valorizar a competência e dar apoio ao desenvolvimento pessoal.

No caso das empresas que durante a fase estatal custearam despesas públicas, a tendência, como vimos, é desenvolver uma política de responsabilidade social perante a comunidade. É fato que, após a privatização, a empresa aumenta a sua contribuição através dos impostos recolhidos, mas entendemos que seria interessante ela fortalecer a sua imagem de empresa cidadã junto à sociedade.

Para exercer a responsabilidade que têm para com os empregados de sua equipe, os gestores deveriam contar com o apoio dos sistemas de informações gerenciais, cuja utilização por vezes ainda é exclusiva dos executivos da alta administração. No futuro, prevê-se a extensão dessas facilidades para os níveis organizacionais mais próximos à base da empresa através das redes de telecomunicações e programas de informatização. Além de terem compromisso com os seus funcionários, os gestores modernos deverão coordenar contratos e trabalhos de todos aqueles que mantêm relações com a empresa.

Nas empresas que estão sendo privatizadas, os desligamentos costumam ser numerosos, podendo efetuar-se nas fases anterior ou posterior à privatização, seja gradativamente, escolhendo-se os que estão prestes a aposentar-se, seja em massa, por meio de programas de demissão incentivada. No entanto, a tendência será o acompanhamento permanente do número de pessoas em cada nível e área das organizações. Vale ressalvar, porém, que a empresa não deve concentrar-se unicamente nessa forma de reduzir custos, sob pena de perder sua orientação estratégica com vistas ao crescimento e à dinamização dos negócios.

Futuramente, a área de recursos humanos continuará participando das principais decisões estratégicas da empresa, administrando a disseminação dos padrões culturais, atuando como agente de mudanças e servindo como uma eficaz consultoria interna.

Referências bibliográficas

AAKER, David; DAY, George S. *Marketing research*. 4. ed. Singapore: John Wiley & Sons, 1990.

ALBUQUERQUE, Lindolfo G. Competitividade e recursos humanos. *Rausp*. São Paulo, v. 27, n. 4, out./nov. 1992.

BANCO NACIONAL DE DESENVOLVIMENTO ECONÔMICO E SOCIAL — BNDES. Lista de empresas federais privatizadas. 1998. Disponível em: <http://www.aepet.org.br/federais.html>.

BOLSA DE VALORES DE SÃO PAULO — BOVESPA. *O caminho da privatização*. São Paulo: Bovespa, 1990.

BONOMA, Thomas V. Case research in marketing: opportunities, problems, and a process. *Journal of Marketing Research*, 22, May, 1985.

BRASIL. Ministério da Indústria, Comércio e Turismo. Secretaria de Política Industrial. Ações setoriais para o aumento da competitividade da indústria brasileira. 1988. Disponível em: <http://www. mict.gov.br/spi/asac/asac0503.htm>.

CERRIELLO, Vincent R. *Human resource management systems: strategies, tactics, and techniques*. New York: VRC Consulting Group, 1991.

CHIAVENATO, I. *Como transformar RH (de um centro de despesa) em um centro de lucro*. São Paulo: Makron, 1996.

COLTRO, ALEX. *A busca da compreensão da racionalidade e da ética da ação administrativa na gestão de uma organização hospitalar pública*. 1998. Dissertação (Mestrado) — FEA/USP, São Paulo.

COLWELL, J. Qualitative market research. *Journal of Market Research Society*, v. 32, n.1, Jan. 1990.

COUTINHO, Luciano G. Nota sobre a natureza da globalização. *Revista do Instituto de Economia*. Campinas: Unicamp, 1992.

_____. *Estudo da competitividade da indústria brasileira*. Campinas: Unicamp, 1994.

DAY, Marie. Can organizations have a learning disability? *Canadian Manager*, Summer 1994.

DONAIRE, Denis. *Interiorização da variável ecológica na organização das empresas industriais.* 1992. Dissertação (Mestrado) — FEA/USP, São Paulo.

DUTRA, Joel Souza. *Administração de carreiras:* uma proposta para repensar a gestão de pessoas. São Paulo: Atlas, 1996.

_____. *Gestão de pessoas: modelos, processos, tendências e perspectivas.* São Paulo: Atlas, 2002.

EXAME, MAIORES E MELHORES. Siderurgia e metalurgia. Ago. 1996. Disponível em: <http:/www2.uol.com.br/exame/m_side.html>.

FERRARI, Luiz Fernando. *Aquisições, fusões e incorporações: estudo de uma solução para o desenvolvimento empresarial na era da globalização.* 1996. Dissertação (Mestrado) — FEA/USP, São Paulo.

FISCHER, André Luiz. *A constituição do modelo competitivo de gestão de pessoas no Brasil — um estudo sobre as empresas consideradas exemplares.* 1998. Tese (Doutorado) — FEA/USP, São Paulo.

_____; COMINI, Graziella M. O modelo de consultoria interna aplicada à gestão do desenvolvimento de recursos humanos — um processo de mudança e aprendizagem. In: ENANPAD, 20. *Anais...* Angra dos Reis, 1996.

FISCHER, Rosa Maria. A modernidade de gestão em tempos do cólera. *Rausp*, São Paulo, v. 27, n. 4, out./nov. 1992.

FLEURY, Afonso Carlos Corrêa. *Aprendizagem e inovação organizacional: as experiências de Japão, Coréia e Brasil.* São Paulo: Atlas, 1995.

FLEURY, Maria Tereza Leme. Desafios e impasses na formação do gestor inovador. In: DAVEL, Eduardo Paes Barreto; VASCONCELLOS, João Moreira de (orgs.). *Recursos humanos e subjetividade.* Petrópolis: Vozes, 1995.

_____; FISCHER, R. M. Relações de trabalho e políticas de gestão: uma história das questões atuais. *Rausp*, São Paulo, v. 27, n. 4, out./nov. 1992.

FORBES, Lincoln H. What do you do when your organization isn't ready for TQM? *National Productivity Review*, Autumn 1994.

FREITAS, Maria Ester de. *Cultura organizacional.* São Paulo: Makron, 1991.

GIOSA, Lívio A. *Terceirização: uma abordagem estratégica.* São Paulo: Pioneira, 1993.

HAMEL, G.; PRAHALAD, C. K. *Competindo pelo futuro.* Rio de Janeiro: Campus, 1995.

Referências bibliográficas 93

HAMMER, Michael. *A revolução da reengenharia: um guia prático*. Rio de Janeiro: Campus, 1995.

HODGETTS, Richard M. et al. *New paradigm organizations: from total quality to learning to world class*. [USA: s. ed; s.d.].

JAQUES, Elliott. *Requisite organization: a total system for effective managerial organization and managerial leadership for the 21st century*. Cason Hall & Co., 1996.

KANAANE, Roberto. *Comportamento humano nas organizações: o homem rumo ao século XXI*. São Paulo: Atlas, 1995.

LAWLER III, Edward E. Strategic choices for changing organizations. In: MOHRMAN, A. et al. *Large-scale organizational change*. California: Jossey-Bass, 1989.

LEDFORD Jr., Gerald E. The phenomenon of large-scale organizational change. In: MOHRMAN, A. et al. *Large-scale organizational change*. California: Jossey-Bass, 1989.

LERNER, Walter. *Organização participativa*. 2. ed. São Paulo: Atlas, 1996.

LUPTON, Tom. Organizational change. *Twenty Years of Personnel Review*, v. 20, n. 3, 1991.

MAMELUQUE, Leopoldo. *Privatização: modernismo e ideologia*. São Paulo: Revista dos Tribunais, 1995.

MAXIMIANO, Antonio Cesar Amaru. Administração de projetos na indústria brasileira de informática. 1987. Dissertação (Mestrado) — São Paulo: FEA/USP.

MELLO, Marina Figueira de. *A privatização no Brasil: análise dos seus fundamentos e experiências internacionais*. 1992. Tese (Doutorado) — São Paulo: FEA/USP.

MOHRMAN, A.; LAWLER III, E. Administração de recursos humanos: construindo uma parceria estratégica. In: GALBRAITH, J.; LAWLER III et al. *Organizando para competir no futuro*. São Paulo: Makron, 1995.

MORANDI, Angela Maria. *Na mão da história: a CST na siderurgia mundial*. Vitória: Edufes, 1997.

NOVELLI, José G. Nayme. *Integração entre estratégias organizacionais e ações de T&D: perspectivas para uma instituição financeira estatal*. 1996. Dissertação (Mestrado) — FEA/USP, São Paulo.

OLIVA, Eduardo de Camargo. *Downsizing: redução de níveis hierárquicos e de demissão de pessoal nas empresas químicas e petroquímicas do estado de São Paulo*. 1992. Dissertação (Mestrado) — PUC-SP, São Paulo.

_____. *As mudanças na atuação da área de recursos humanos em empresas privatizadas: um estudo no setor siderúrgico do Sudeste do Brasil*. 1999. Tese (Doutorado) — FEA/USP, São Paulo.

OLIVEIRA, Lúcia M. Barbosa. Está a função de recursos humanos desaparecendo? Quais as habilidades necessárias para o sucesso do profissional da área? In: ENANPAD, 20 *Anais...* Angra dos Reis, 1996.

OLIVEIRA, Silvio Luiz de. *Tratado de metodologia científica: projetos de pesquisas, TGI, TCC, monografias, dissertações e teses.* São Paulo: Pioneira, 1997.

PAULA, Germano M. *Avaliação tecnológica da siderurgia brasileira.* 1992. Dissertação (Mestrado) — IEI-UFRJ, Rio de Janeiro.

PETTIGREW, Andrew M. *The awakening giant: continuity and change in ICI.* Oxford: Basil Blackwell, 1985a.

_____. Contextualist research: a natural way to link theory and pratice. In: LAWLER, Edward et al. *Doing research that is useful for theory and practice.* California: Jossey-Bass, 1985b.

_____. *The management of strategic change.* Oxford: Basil Blackwell, 1987.

PORTER, Michael E. *Vantagem competitiva: criando e sustentando um desempenho superior.* Rio de Janeiro: Campus, 1992.

_____. *O que é estratégia? Uma nova pauta para as empresas brasileiras.* São Paulo: HSM, 1997.

RHINOW, Guilherme. Reflexões sobre o conceito de autodesenvolvimento e suas implicações no contexto organizacional. In: ENANPAD, 20. *Anais...* Angra dos Reis, 1996.

RICHARDSON, Robert Jarry et al. *Pesquisa social: métodos e técnicas.* São Paulo: Atlas, 1989.

SAMMARTINO, Wagner. *A influência das políticas e práticas de gestão de recursos humanos no desempenho organizacional: um estudo de caso na área industrial de uma empresa do setor de telecomunicações.* 1995. Dissertação (Mestrado) — FEA/USP, São Paulo.

SANTOS, Raul Cristóvão dos. Privatização e siderurgia. *Informações Fipe,* São Paulo, n. 159, dez. 1993.

SMITH, Douglas K. *Fazendo a mudança acontecer: 10 princípios para motivar e deslanchar o desempenho das empresas.* Rio de Janeiro: Campus, 1997.

SOUZA NETO, Sivestre Prado de. *Os programas de qualidade e as mudanças na vida do trabalhador.* 1997. Tese (Doutorado) — FEA/USP, São Paulo.

TOMASKO, Robert M. *Repensando as corporações.* São Paulo: Makron, 1994.

_____. *Crescer, não destruir.* Rio de Janeiro: Campus, 1997.

TOMEI, Patrícia Amélia; BRAUNSTEIN, Marcelo. *Cultura organizacional e privatização.* São Paulo: Makron, 1993.

TULL, D. S.; HAWKINS, D. I. *Marketing research: meaning, measurement and method.* London: Macmillan, 1976.

UCHÔA, Martinho Prado. *A história da Cosipa.* São Paulo: Cosipa/Grupo Siderbrás, s.d.

ULRICH, Dave. *Os campeões de recursos humanos: inovando para obter os melhores resultados.* São Paulo: Futura, 1998.

URBAN, Glen L. A second industrial revolution. *Across the Board,* Feb. 1995.

YIN, Robert K. *Case research: design and methods.* 6. ed. Sage, 1990.

ZACCARELLI, Sérgio B. *Estratégia moderna nas empresas.* São Paulo: Zarco, 1996.

ZARIFIAN, Philippe. *A gestão da e pela competência.* Rio de Janeiro: Centro Internacional para Educação, Trabalho e Transferência de Tecnologia, 1996.

ZIMMERMAN, John H. The principles of managing change. *HR Focus,* Feb. 1995.

Esta obra foi impressa pela
Sermograf Artes Gráficas e Editora Ltda. em papel
offset Chambril Book para a Editora FGV
em setembro de 2003.